dtv

BODO SCHÄFER

ICH KANN DAS.

Eine Geschichte
über die drei Worte,
die unser Leben verändern

dtv

**Ausführliche Informationen über
unsere Autorinnen und Autoren und ihre Bücher
finden Sie unter www.dtv.de**

Dieses Buch ist auch als eBook erhältlich.

Von Bodo Schäfer ist bei dtv außerdem lieferbar:
Der Weg zur finanziellen Freiheit
Die Gesetze der Gewinner
Ein Hund namens Money

3. Auflage 2021
© 2021 dtv Verlagsgesellschaft mbH & Co. KG, München
Das Werk ist urheberrechtlich geschützt.
Sämtliche, auch auszugsweise Verwertungen bleiben vorbehalten.
Für Inhalte von Webseiten Dritter, auf die in diesem Werk verwiesen
wird, ist stets der jeweilige Anbieter oder Betreiber verantwortlich, wir
übernehmen dafür keine Gewähr. Rechtswidrige Inhalte waren zum
Zeitpunkt der Verlinkungen nicht erkennbar.
Illustrationen: Carolin Dendorfer – Luckymecaro.de
Gesetzt aus der Utopia
Satz & Layout: Gaby Michel, Hamburg
Druck und Bindung: CPI books GmbH, Leck
Printed in Germany · ISBN 978-3-423-26293-4

Für Imke

Ob du denkst: »Ich kann das nicht« oder: »Ich kann das« ... du hast immer recht. Denn nach dem Gesetz der Anziehung manifestieren sich deine Gedanken, um zu bestätigen: Du hattest recht.

INHALT

Vorwort 9

Test 13

TEIL 1
DAS ERKENNEN 15

1 Der Unfall 17
2 Anna 35
3 Mexiko 59
4 Karls Familie 83
5 Die Wissenschaft 97
6 Michael 113

TEIL 2
DIE VERÄNDERUNG 135

7 Am Set 137
8 Die Chance 163
9 Die Krise 179

TEIL 3
ICH KANN DAS   203

10   Der entscheidende Moment   205
11   Das Ritual   223

Epilog   239

Danksagung   241
3 Geschenke von Bodo Schäfer an seine Leser   244
Leserstimmen   255

VORWORT

Gibt es eine Stimme in dir, die sagt: Du bist für etwas Großes bestimmt?

Und gibt es gleichzeitig eine andere Stimme, die ständig sagt, du seist unzureichend, nicht »genug«: nicht klug genug, nicht diszipliniert genug, nicht talentiert genug, nicht erfahren genug, nicht gut genug …?

Die entscheidende Frage ist: *Auf welche Stimme hörst du?*

Wir alle haben es schon erlebt: Worte, die andere sagen, können uns fliegen lassen oder sie können uns schrecklich verletzen. Andere können uns loben oder mobben … Aber was ist mit den Worten, die wir *uns selbst* sagen?

Was wir zu uns selbst sagen, beeinflusst uns viel mehr als alle Stimmen von außen.

Klar ist, dass wir zu anderen nicht sagen sollten: »Du bist ein Looser. Du bist fett und hässlich. Du bist stinkend faul. Du kannst das nicht. Du bist nicht gut genug. Du bist maximal Durchschnitt.« – *Aber ist es in Ordnung, wenn wir so etwas zu uns selbst sagen?*

Was, wenn du dir dagegen selbst zuflüstern würdest: »Du kannst das. Du bist liebenswert. Du bist wunderschön. Du bist etwas ganz Besonderes. Du bist einfach klasse, so, wie du bist.«

Vielleicht ahnst du: Wenn du dir selbst so etwas sagen würdest und es auch glauben könntest … Dann wüsstest du: *Ich kann alles erreichen, was ich mir vornehme.*

Wie würde es sich anfühlen, wenn du mit absoluter Sicherheit wüsstest: Ich werde Erfolg haben. Ich bin unaufhaltsam. Ich werde für meine Familie und für mich selbst ein wirklich gutes und erfülltes Leben sichern.

Und wenn du gleichzeitig diesen großen inneren Frieden verspürtest, dieses Wissen: Ich tue das Richtige. Nicht immer. Aber oft genug, um mit mir selbst im Reinen zu sein.

Wir alle träumen davon, diese große innere Gewissheit zu spüren. Dieses sichere Gefühl: *Ich kann das. Ich kann das sehr gut.* Wir träumen davon, ein felsenfestes Selbstbewusstsein zu haben.

Nach über dreißig Jahren Coaching und Mentoring weiß ich: Selbstbewusstsein ist für jeden von uns unfassbar wichtig. Und andersherum: Ohne Selbstbewusstsein ist ein glückliches und erfolgreiches Leben nicht möglich.

Was unterscheidet erfolgreiche Menschen von anderen?

Auch für erfolgreiche Menschen verläuft das Leben nicht immer glatt. Auch für sie ist nicht jeder Tag eine einzige Party. Sie hatten auch nicht mehr Glück als andere.

Doch sie haben das Wichtigste überhaupt gelernt: wie sie ihr Selbstbewusstsein immer weiter aufbauen können.

Wo kein Selbstbewusstsein ist, da machen sich andere Emotionen breit: Sorgen. Unsicherheit. Zweifel. Angst. Schon ein kleines Problem ist dann fatal. Wir fühlen uns überfordert. Denken:»Ich kann das nicht …«

Wenn du dagegen selbstbewusst bist, kannst du deine Angst besiegen. Dann kannst du deine Träume leben.

Darum geht es in diesem Buch:

Wie du dein Selbstbewusstsein stärken kannst. Du findest hier ein Modell, das funktioniert. Ich weiß das, weil viele Tausend Menschen erfolgreich und glücklich mit diesem Modell leben.

Mit diesem Modell lernst du, anders mit dir selbst zu sprechen.

Du erfährst, wie du deine eigene Geschichte neu schreiben kannst. Die Geschichte darüber, *wie du dich selbst siehst.*

Deine Geschichte über dich selbst entscheidet, welche Antwort du dir selbst auf drei wichtige Fragen gibst: Kann ich das? Bin ich liebenswert? Wer bin ich?

Deine Antworten auf diese drei Fragen bestimmen alles in deinem Leben: Wie du dich fühlst, was du von dir selbst hältst, welche Entscheidungen du triffst, und was du tust. Jeden Tag, jeden Moment deines Lebens.

Dieses Buch ist eine Erzählung über Karl, einen jungen Mann mit wenig Selbstbewusstsein. Er weiß gar nicht richtig, was das ist. Und warum es überhaupt wichtig sein könnte, selbstbewusst zu sein.

Karl lernt, sein Selbstbewusstsein enorm zu steigern und so seinen Traum zu leben. Ich glaube: In der Geschichte von

Karl findet sich die von jedem erfolgreichen und glücklichen Menschen. Es ist der Weg aus der Angst hin zu einem erfüllten und selbstbewussten Leben.

Ich wünsche dir von ganzem Herzen: Möge das auch deine Geschichte werden. Mögest du wissen: Ich kann das!

Herzlichst dein

Bodo Schäfer

PS: Wenn du besonders viel Nutzen aus diesem Buch ziehen möchtest, dann stelle zunächst mit dem Test auf der nächsten Seite fest:

<u>Wie groß ist mein Selbstbewusstsein?</u>

Wie selbstbewusst bist du wirklich?

Du kannst dein Selbstbewusstsein in kurzer Zeit ... VERDOPPELN!
Und diesen Erfolg wirst du tatsächlich messen können.
Die Voraussetzung dafür ist natürlich, dass du zuerst einmal herausfindest, wo genau du gerade stehst. Das geht folgendermaßen

Am besten machst du jetzt – noch bevor du dieses Buch liest – diesen ca. 5-minütigen Test, mit dem du herausfindest, wie selbstbewusst du gerade wirklich bist.
Auf Basis deiner Antworten erhältst du eine Auswertung über den aktuellen Zustand deines Selbstvertrauens. Und du bekommst einen spannenden Einblick in deine Persönlichkeit.

Wenn du das Buch zu Ende gelesen hast, solltest du den Test unbedingt erneut machen. So kannst du deinen Fortschritt sehen.

Mache jetzt den Test, indem du diese Seite besuchst oder mit der Kamera deines Smartphones den Code scannst.

www.ichkanndas.de

Ich wünsche dir viel Spaß und
viele wertvolle Erkenntnisse mit dem Test.

Für täglich inspirierende Gedanken
von Bodo Schäfer folge ihm auf

TEIL I
DAS ERKENNEN

1 DER UNFALL

»So sieht also ein ganz besonderer Tag aus«, dachte Karl. Er hatte morgens beim Frühstück den Spruch gelesen: »Heute ist dein ganz besonderer Tag.« Und jetzt das. Vor wenigen Sekunden hat Karl einen Unfall verursacht. Für einen Moment nicht aufgepasst – und schon ist er in das Auto vor ihm gefahren.

»Vielleicht sollte ich aufhören, diese Sprüche zu lesen«, dachte Karl, »toller *besonderer* Tag. Das ist nur ein ganz besonderer Mist.« Der Wagen vor ihm sah sehr teuer aus. Karl sackte in sich zusammen. Das war das Letzte, was er jetzt gebrauchen konnte. Er fühlte sich wie gelähmt.

Da öffnete sich die Tür des noblen Autos. Ein Mann stieg aus. Statt sich den Schaden anzugucken, ging er direkt zur Fahrerseite von Karl und beugte sich etwas hinunter: »Alles okay bei Ihnen?«, fragte er so laut, dass Karl ihn auch bei geschlossenem Fenster verstehen konnte.

Karl öffnete die Seitenscheibe: »Ja, mir ist nichts passiert. Tut mir leid. Ich hab geträumt.«

Der Mann wirkte überhaupt nicht verärgert. Er schaute Karl lächelnd an und sagte: »Ich träume selbst gerne. Und ich freue mich, dass Ihnen nichts passiert ist. Es ist schön, Sie kennenzulernen, auch wenn ich mir dafür andere Umstände gewünscht hätte. Ich finde, eine neue Bekanntschaft ist eine neue Chance.«

»Was für ein Spinner«, dachte Karl. Gleichzeitig war er erleichtert, dass der Mann nicht wütend war. Er schaute sich den Fremden prüfend an. Ob der ganz dicht war? Aber er wirkte nicht nur durch und durch freundlich, sondern auch intelligent. Und er schien wirklich zu fühlen, was er sagte. Da war kein Ärger wahrzunehmen.

Karl stieg vorsichtig aus seinem Auto aus. Der Mann streckte seine Hand aus: »Ich bin Marc.« Karl schüttelte seine Hand und stellte sich ebenfalls vor: »Ich bin Karl.«

»Okay«, sagte der Mann, »schauen wir uns den Schaden einmal an.« Da erst fiel Karl auf, dass der Mann direkt zu ihm gekommen war, ohne sich zuerst um sein Auto zu kümmern.

»Das ist doch nicht normal«, dachte Karl. »Wenn ich so ein tolles Auto hätte, würde ich sofort wissen wollen, was alles kaputtgegangen ist. Und ich würde ganz bestimmt nicht freundlich lächeln.« Aber irgendwie beeindruckte ihn diese Reaktion. Er betrachtete zusammen mit dem Mann den Schaden.

Es sah nicht gut aus. Zumindest nicht für Karls Wagen. Die Front war komplett eingedrückt. Wahrscheinlich ein Totalschaden, denn Karls Auto war nicht besonders wertvoll. Ganz anders stand es um den Wagen, den Karl angefahren hatte: ein paar leichte Dellen an der Stoßstange, sonst sah das Auto so aus, als hätte es den Unfall nie gegeben.

Der Mann rief die Polizei, der Unfall wurde aufgenommen. Karls Auto musste abgeschleppt werden, weil es nicht mehr fahrtüchtig war. Karl sackte immer mehr in sich zusammen. Er hatte sich das Geld für dieses Auto mühsam zusammengespart. Und er hatte natürlich keine Vollkaskoversicherung. Das war eine Katastrophe.

Während sich der Mann um alles kümmerte, blieb Karl schweigsam. Er haderte mit seinem Schicksal. Hätte er nicht besser aufpassen können? Warum gerade jetzt, wo er mitten in seinen Prüfungen steckte?

Da fiel ihm auf, dass der Mann ihn aufmerksam anschaute. Karl fühlte sich sofort angegriffen: »Ich hab doch schon gesagt, dass es mir leidtut. Ich kann es ja nicht rückgängig machen.«

Der Mann antwortete leicht verwundert: »Alles ist gut! Es kann doch nicht sein, dass dich so etwas vollkommen aus der Bahn wirft?«

Karl beherrschte sich mühsam: »Sind wir per Du?«, fragte er mit gepresster Stimme. Er fühlte den Drang, sich zu rechtfertigen. Also zischte er: »Ich hab mir diese blöde Kiste erst vor drei Wochen gekauft. Dafür hab ich lange gejobbt. Einen echt miesen Job mache ich da. Ist kein Spaß. Ätzend. Aber ich brauche das Geld. Und jetzt sagen Sie, das ist eine Lappalie?«

»Lappalie habe ich nicht gesagt«, erwiderte der Mann. »Und ja, es würde mich freuen, wenn wir uns duzen würden.«

»Ja, ja, Duzen ist okay. Ich bin halt sauer auf mich.«

»Gut, Karl, dann bleiben wir dabei.« Marc schaute ihn prüfend und gleichzeitig milde an. So, wie er ihn schon durch die Scheibe betrachtet hatte. Als wäre er um Karls Wohl besorgt. Dann fragte er: »Du magst dich selbst nicht besonders, oder?«

»Was für ein Quatsch«, antwortete Karl erregt, »außerdem, was hat das hier damit zu tun, ob ich mich selbst mag?«

»*Unsere Einstellung zu unseren Sachen und wie wir sie behandeln, sagt sehr viel darüber aus, ob wir uns mögen*«, erklärte Marc geduldig.

Karl verstand nicht genau, was Marc ihm da sagen wollte. Aber er war beeindruckt von dessen Ruhe. Er schien sich überhaupt nicht angegriffen zu fühlen; schließlich hatte Karl nicht besonders freundlich reagiert. Marc sagte in Karls Gedanken hinein: »Ich würde dich gerne zum Essen einladen.«

»Aber ich bin doch gerade in dein Auto gefahren«, antwortete Karl verwundert. »Obwohl deinem Schlitten nicht viel passiert ist … Es kostet dich doch eine Menge Zeit.«

»Ich glaube nicht an Zufälle«, erklärte Marc. »Es hat einen besonderen Grund, warum wir uns heute hier treffen. Und ich möchte diesen Grund herausfinden. Außerdem habe ich Hunger, und ich esse nicht gern allein.« Dann fügte er mit einem Lächeln hinzu: »Mein Wagen fährt ja noch, den können wir also nehmen. Ich kenne ein wirklich gutes Restaurant ganz in der Nähe – abgemacht?«

Karl war auf einmal überhaupt nicht mehr sauer, sondern nur noch verwundert. Er schaute Marc aufmerksam an. »Er hat eine unerklärliche Präsenz«, dachte er. Und dann kam ihm noch ein Gedanke: »So will ich auch sein!« Von Marc ging eine Kraft aus, die ihm vollkommen unbekannt war. Außerdem hatte er richtig Hunger, wie er jetzt erst bemerkte. »Einverstanden«, sagte er.

• • •

Sie fuhren in ein ganz einfaches Restaurant. Man konnte kein Gericht auswählen; es gab nur ein einziges. Aber Karl hatte selten so gut gegessen. Sie redeten wenig.

Nach einem Espresso schaute Marc Karl in die Augen und sagte: »Ich würde gerne auf meine Frage zurückkommen: *Magst du dich selbst?* Und dann habe ich noch eine Frage: *Bist du stolz auf dich?*«

Mit vollem Bauch war Karl nicht so leicht zu irritieren. Aber diese Fragen waren unbequem. Darum entgegnete er: »Warum sollte ich dir das verraten?«

»Mein Gefühl sagt mir«, erklärte Marc, »dass diese Fragen und deine möglichen Antworten der Grund sein könnten, warum uns das Schicksal heute zusammengeführt hat. Wenn du Lust hast, erzähle mir zuerst etwas von dir.«

Karl nickte und erklärte, er studiere Jura. Das sei der Wunsch seiner Eltern gewesen, die beide Juristen seien. Er solle auch Anwalt werden. Eigentlich möge er weder das Studium, noch könne er sich vorstellen, als Anwalt zu arbeiten. Aber er wolle seine Eltern nicht enttäuschen.

Karl wusste selbst nicht, warum er auf einmal so ins Reden kam. Aber er konnte einfach nicht aufhören. Er erzählte Marc, dass er am liebsten Schauspieler werden würde. Der Film sei seine große Liebe. Darum habe er sich so gefreut, dass er in diesem Bereich einen Job bekommen habe. Zuerst habe er in einem großen Filmstudio als Beleuchtungsassistenz gearbeitet, und dann habe er dort einen besseren Job erhalten. Als Lichtdouble.

»Als was?«, fragte Marc.

»Ich arbeite als Lichtdouble«, wiederholte Karl.

»Was macht denn ein Lichtdouble?«, wollte Marc wissen.

»Ein Lichtdouble steht in einer bestimmten Haltung da, in der ein Star gefilmt werden soll. Denn es dauert ziemlich lange, bis die ganze Beleuchtung eingerichtet ist. Das will der Star natürlich nicht selbst tun. Er ruht sich in der Zeit aus. Also übernehme ich das. Ich bin in etwa so groß wie der Hauptdarsteller, und so leuchten die mich aus.«

»Macht dir das Spaß?«, fragte Marc.

Wieder fühlte sich Karl unwohl. Wollte sich Marc etwa über ihn lustig machen? Er sah ihn aufmerksam an, aber er konnte kein Anzeichen für Spott in Marcs Zügen erkennen. Er schien sich aufrichtig für ihn zu interessieren. Karl antwortete:

»Vieles ist halt ätzend langweilig. Und ich muss oft bis zu einer Viertelstunde völlig still stehen. Das ist anstrengend.«

»Ich kenne das Gefühl«, sagte Marc ernst. »Dein Leben ist vielleicht im Moment nicht so, wie es sein sollte. Etwas läuft falsch, aber du weißt nicht genau, was das ist?«

»Es geht nicht anders«, antwortete Karl. »Ich hab Angst, meine Eltern zu enttäuschen.«

»Je älter ich werde, desto mehr wird mir klar, dass es in Ordnung ist, ein Leben zu führen, das andere nicht verstehen«, sagte Marc.

»Aber meine Eltern haben mühsam ihre Kanzlei aufgebaut. Und es ist ihr Herzenswunsch, dass ich das mal übernehme.«

»Das Entscheidende ist, wie du meine beiden Fragen beantwortest: Magst du dich selbst? Bist du stolz auf dich?«, insistierte Marc.

Karl hatte gehofft, dass Marc diese Fragen vergessen würde. Stattdessen wiederholte er sie. Karl versuchte, in sich hineinzuhören: »Mag ich mich?« Verschiedene Antworten kamen ihm in den Sinn. Nichts Klares. »Bin ich stolz auf mich? Eher nicht …«, dachte er.

»Es geht so«, sagte er darum – und dachte eine Weile lang nach. Schließlich ergänzte er: »Wer kann das schon von sich behaupten? Das würde auch ein bisschen überheblich klingen.«

»So habe ich auch einmal gedacht«, erwiderte Marc. »Aber seit vielen Jahren weiß ich, dass wir niemals ein gutes Leben haben werden, wenn wir diese Fragen nicht klar bejahen können.«

Er lächelte, dann fuhr er fort: »Am Anfang konnte ich das selbst nicht. Und ich habe genau wie du nicht gedacht, dass es gut ist zu sagen: *Ich mag mich!* Und: *Ich bin stolz auf mich!*

Aber dann habe ich gelernt, dass es nichts Wichtigeres im Leben gibt, als das sagen zu können.«

Karl schaute ihn skeptisch an: »Das Wichtigste im Leben? Es gibt nichts Wichtigeres?«

Marc ließ sich nicht irritieren: »Diese Fragen geben Auskunft darüber, wie du über dich selbst denkst. Aber es ist noch mehr. Diese Fragen geben Auskunft über drei unfassbar wichtige Merkmale: 1. *Ob du dir bewusst bist, wer du bist*; 2. *ob du dich selbst achtest und wertschätzt*; und 3. *ob du dir selbst vertraust.*«

»Ist das nicht mehr oder weniger alles dasselbe?«, fragte Karl.

»Ja und nein«, erklärte Marc. »Auf der einen Seite sind das drei ganz unterschiedliche Punkte. Aber auf der anderen Seite fließen alle drei zusammen in die wichtigste Eigenschaft, die ein Mensch überhaupt haben kann: sein Selbstbewusstsein.«

»Das kann doch kein Mensch begreifen«, erwiderte Karl, »jedenfalls kann ich es nicht, und ich kann es mir schon gar nicht merken. Das verschwimmt alles in meinem Kopf. Ich muss mir das aufschreiben. Außerdem ... irgendwie überzeugt mich das nicht, dass Selbstbewusstsein die wichtigste Eigenschaft eines Menschen sein soll.«

Marc nickte: »Es gefällt mir, dass du es verstehen willst. Und Aufschreiben ist eine gute Idee. Wenn ich damals so rasch begriffen hätte wie du, dass Aufschreiben ungemein hilft, dann wäre ich sicher viel schneller vorangekommen. So habe ich einen Umweg einschlagen müssen. Ich habe einige anspruchsvolle Studiengänge abgeschlossen, um das Ganze besser zu verstehen. Und in diesen Fachgebieten habe ich viel gelesen. Aber ich habe es versäumt, die wichtigsten Fragen und die wichtigsten Antworten aufzuschreiben.«

Karl bemerkte plötzlich, dass er überhaupt nichts über Marc wusste, nur von sich selbst erzählt hatte. Etwas verlegen sagte er: »Ich weiß ja gar nicht, was du so machst.«

»Das ist ganz leicht zu erklären«, antwortete Marc. »Ich bin weltweit der führende Experte zum Thema Selbstbewusstsein. Die allerbesten Firmen der Welt heuern mich an, um ihren absoluten Topleuten zu helfen, selbstbewusst zu werden.«

Karl schaute ihn erschrocken an, und Marc musste lächeln: »Das klingt nicht gerade bescheiden, nicht wahr?«

»Nein, tut es nicht«, sagte Karl. »Es klingt eher …«

»… selbstbewusst?!«, half ihm Marc.

Karl lächelte gequält: »Ich kenne viele Leute, die würden sagen, du bist ein Angeber. Oder arrogant. Ich meine, dass du das zumindest nicht so direkt sagen musst. Damit kannst du viele Menschen vor den Kopf stoßen.«

Marc sagte: »Wenn du etwas sehr Schönes siehst, würdest du dann sagen: Das ist schön? Wenn du zum Beispiel eine sehr schöne Landschaft siehst oder eine wundervolle Blume.«

»Ja, natürlich.«

»Ich finde, ich kann auch zu dem Schönen stehen, das ich in mir sehe. Und darum sage ich: Ich weiß, wer ich bin, und ich mag mich. Und ich weiß, was ich kann, und ich bin stolz auf mich«, sagte Marc.

Karl war hin- und hergerissen. Einerseits fand er es anmaßend, so zu sprechen. Andererseits würde er das auch gerne über sich selbst denken können: dass er sich wirklich mag. Und dass er stolz auf sich ist.

»Ich weiß trotzdem nicht, ob ich das gut finde. Und ich glaube auch nicht, dass Selbstbewusstsein das Wichtigste in unserem Leben ist. Da gibt es doch ganz andere wichtige Dinge.«

»Welche denn?«

Karl überlegte und sagte dann:»Liebe zum Beispiel. Und Freundschaft. Beruflicher Erfolg. Ein gutes Einkommen.«

»Du kannst nicht lieben«, sagte Marc,»wenn du dich selbst nicht magst. Du kannst auch keine Freundschaften haben, wenn du dir selbst nicht vertraust. Und du wirst keinen beruflichen Erfolg haben, wenn du nicht weißt, was du gut kannst. Was ich dir sagen will: Alles, wirklich alles, nimmt seinen Ausgang bei unserem Selbstbewusstsein. *Du kannst nur dann ein erfülltes, erfolgreiches und glückliches Leben haben, wenn du selbstbewusst bist.* Den meisten Menschen ist das so aber gar nicht bewusst. Und sie wissen nicht, was Selbstbewusstsein überhaupt ist.«

Karl überzeugte das nicht:»Aber man muss doch kein Angeber sein, um zu lieben oder Freunde zu haben.«

»Ich kann deine Zweifel gut verstehen. Denn das ist ganz anders als alles, was wir von unseren Eltern gelernt haben – und von der Gesellschaft. Ich habe jetzt einen Termin. Aber ich mache dir einen Vorschlag. Wir treffen uns morgen wieder, und wir sprechen ausführlich darüber«, schlug Marc vor.

Karl erinnerte sich, wie Marc auf den Unfall reagiert hatte. Er schaute ihn aufmerksam an und dachte:»Ja, ich würde ihn gerne wieder treffen.«»Okay«, sagte er.

Die beiden verabschiedeten sich, und Karl ging nach Hause.

• • •

In der Nacht hatte Karl einen merkwürdigen Traum. Eine alte Frau mit schneeweißen Haaren und einem grellroten Pullover wollte unbedingt mit ihm sprechen. Aber er konnte ihre

Stimme nicht hören. Es ging einfach nicht. Sie redete und redete … aber er hörte nicht, was sie sagte.

Es war schrecklich, denn er fühlte: »Was diese Frau sagt, ist ungemein wichtig für mich. Ich muss es verstehen.« Obwohl sich ihr Mund bewegte, drang ihre Stimme nicht an sein Ohr.

Dann holte die alte Frau ein lila Buch aus ihrer Tasche und legte es auf seinen Küchentisch. Anschließend verschwand sie.

Als Karl wach wurde, war der seltsame Traum noch sehr präsent. Ihm fiel auf, dass etwas an dem Traum nicht stimmte. Er wusste zuerst nicht, was. Dann erinnerte er sich, dass die Frau keinen Schatten gehabt hatte. Ihn gruselte es. Er bemerkte, dass er nass geschwitzt war. »Was für ein blöder Traum«, dachte er.

Karl stand auf, um sich einen Kaffee zu machen. Dabei fiel sein Blick auf den Küchentisch. Dort lag … ein Buch. Das Buch aus seinem Traum. Das lila Buch. Er hätte fast seine Tasse fallen lassen. Aber eindeutig, es war genau das Buch.

Sein erster Impuls war: »Da muss jemand eingebrochen sein und es dahingelegt haben. Vielleicht hab ich nicht abgeschlossen?« Karl lief zu seiner Wohnungstür: Da konnte niemand reingekommen sein. Sie war versperrt, und die Sicherheitskette war vorgelegt.

Karl dachte angestrengt nach: »Ich wohne im fünften Stock. Alle Fenster sind geschlossen. Wie kann das sein? Werde ich verrückt?« Panik stieg in ihm auf: »Ich werfe das Buch am besten weg.« Er wollte schon aus der Wohnung laufen, um es auf der Straße in eine Mülltonne zu schmeißen. Aber dann siegte die Neugier. Er nahm es in die Hand und schlug es auf. Auf der ersten Seite las er:

Wie würde es sich anfühlen, wenn du genau wüsstest: Ich mag mich. Ich bin stolz auf mich. Dann wüsstest du:
ICH KANN ALLES ERREICHEN, WAS ICH MIR VORNEHME.
Wenn du mit absoluter Sicherheit wüsstest: Ich werde Erfolg haben. Nichts wirft mich um. Ich bin unaufhaltbar.
Welche Entscheidungen würdest du treffen? Was würdest du dann tun?
Viele ahnen: Ich würde großen inneren Frieden verspüren. Ich hätte das Wissen: Ich tue das Richtige. Nicht immer. Aber oft genug, um mit mir selbst im Reinen zu sein.
Bewusst oder unbewusst träumen wir alle davon, diese große innere Gewissheit zu spüren. Dieses sichere Gefühl: ICH KANN DAS! Ich kann das sehr gut.
Wir träumen davon, ein felsenfestes Selbstvertrauen zu haben. Aber die Realität sieht für die meisten von uns ganz anders aus.
Viele denken oft: Ich kann nicht, aber ich muss. Oder: Ich muss, aber ich kann nicht.

Das war alles, was auf dieser Seite stand. Karl blätterte um: leer. Dann schaute er das ganze Journal durch: nur leere Seiten. Dabei hätte er gerne weitergelesen.

Karl war aufgewühlt. Er wusste nicht, warum. Waren es die Worte, die er gelesen hatte? Der Traum? Das lila Journal, dessen Existenz er sich überhaupt nicht erklären konnte? Das war alles sehr *spooky*.

Er ging die Zeilen in Gedanken noch einmal durch: *Ich mag mich. Ich bin stolz auf mich ... alles erreichen, was ich mir vornehme ... wenn ich mit absoluter Sicherheit wüsste: Ich werde Erfolg haben ... Ich kann das ...* Es beschäftigte ihn sehr, es berührte ihn irgendwie, obwohl er nicht richtig einordnen konnte, warum. Die letzten Worte trafen ihn ins Herz: *Ich kann nicht, aber ich muss. Ich muss, aber ich kann nicht.*

Das war genau sein Dilemma. Er wusste, dass er niemals ein guter Anwalt sein würde. Aber er musste einer werden. Seine Eltern erwarteten das einfach von ihm. Und sie hatten so viel für ihn getan: Er war ein schlechter Schüler gewesen, mit Rechtschreibschwäche. Seine Eltern hatten ihn immer unterstützt, Diktate mit ihm geübt, Nachhilfeunterricht bezahlt. Er konnte sie nicht enttäuschen. *Ich muss, aber ich kann nicht.*

Das Studium machte ihm keinen Spaß und es überforderte ihn oft. Er hatte sich bisher nie getraut, sich zu fragen, was er selbst wollte. Er musste Jura studieren. Aber wollte er das? Er versuchte, die Frage zu verdrängen. Denn er musste ja. Er konnte zwar nicht, aber er musste ...

Sein Handy klingelte. Es war Marc. Ob es dabei bliebe, heute Mittag zusammen essen zu gehen. In demselben Restaurant wie gestern. Um 13 Uhr. Karl sagte zu, obwohl er überhaupt nicht wusste, was er davon halten sollte.

• • •

Wie vereinbart trafen sie sich vor dem Restaurant. Marc begrüßte Karl sehr freundlich. Er schien einfach immer guter Laune zu sein. Er lobte Karl: »Schön, dass du pünktlich kommst, das schätze ich sehr. Wer pünktlich ist, zeigt, dass er den anderen respektiert.«

»Na ja, ich kann doch einen weltweit führenden Experten zum Thema Selbstbewusstsein nicht warten lassen«, antwortete Karl etwas flapsig.

»Selbstbewusstsein ist die wichtigste Eigenschaft von allen«, erwiderte Marc ernst.

Karl erinnerte sich, dass Marc ihm das schon bei ihrer ersten Begegnung gesagt hatte. Er hatte sogar behauptet, dass wir niemals ein gutes Leben haben würden, wenn wir zwei Fragen nicht klar bejahen könnten: *Mag ich mich? Bin ich stolz auf mich?* Er konnte das aber immer noch nicht glauben. Da waren doch andere Dinge viel wichtiger, um ein gutes Leben zu haben. Er wusste allerdings nicht genau, was das sein könnte.

Wie am Tag zuvor gab es nur ein einziges Gericht. Diesmal etwas ganz anderes. Und das Essen schmeckte wieder köstlich. Die beiden aßen erneut fast schweigend.

Nach dem Essen sah Marc seinen jüngeren Gesprächspartner freundlich an:»Hast du über unser Gespräch nachgedacht?«

»Ja«, gab Karl zu.»Aber ich versteh nicht, warum du dir so eine Mühe mit mir gibst. Ich hab dich in einen Unfall verwickelt. Ich war nicht besonders freundlich. Also ... warum machst du das?«

»Weil du das verdienst«, erklärte Marc.

»Was hab ich getan, um das zu verdienen?«

»Das ist ein Gefühl. Und ich habe gelernt, meinem Gefühl zu vertrauen. Ich weiß einfach: Du hast ein großes Potenzial und ich kann dir helfen, es zu erkennen.«

Karl war skeptisch. Er fragte:»Was macht denn ein Experte für Selbstbewusstsein?«

»Ich helfe meinen Kunden, erfolgreicher zu werden«, erklärte Marc.»Große Firmen denken immer einige Jahre voraus. Sie planen die Produkte der Zukunft. Sie haben aber ein Dilemma: Die Mitarbeiter, die sie haben, sind gut genug für die Produkte von heute, aber ...«

Marc machte eine Pause, und Karl insistierte:»Aber?«

»Aber nicht gut genug für die Produkte von morgen. Sie müssen also beides entwickeln: die neuen Produkte und die langjährigen Mitarbeiter. Sonst werden sie keine besseren

Produkte erhalten. Und hier komme ich ins Spiel: Ich helfe den Top-Mitarbeitern, so gut zu werden, dass sie ihren Job auch morgen machen können. Und dafür ist der zentrale Punkt Selbstbewusstsein.«

»Das mit den Produkten von morgen und dass wir uns dafür verbessern müssen – das verstehe ich«, sagte Karl. »Aber ich verstehe nicht, warum Selbstbewusstsein der entscheidende Punkt für Verbesserungen sein soll. Und ich weiß eigentlich gar nicht so genau, was Selbstbewusstsein ist.«

»Ich helfe meinen Kunden im Wesentlichen, drei wichtige Fragen zu beantworten: Kann ich das? Bin ich liebenswert? Wer bin ich?«, erläuterte Marc.

»Ich verstehe nicht, was diese drei Fragen mit Erfolg zu tun haben«, zweifelte Karl. »Ob eine Firma revolutionäre Produkte bekommen wird, hat mit dem Können der Mitarbeiter zu tun. Aber doch nicht damit, ob sie liebenswert sind und ob sie wissen, wer sie sind?!«

Marc lächelte. Aber wieder schien er sich nicht über Karl zu amüsieren, sondern sich zu freuen, etwas erklären zu können: »Das wird deutlicher, wenn wir uns anschauen, was sich alles hinter diesen Fragen verbirgt. Aber lass uns das schriftlich machen, so wie du das bei unserem letzten Gespräch vorgeschlagen hast. Hast du etwas zum Schreiben dabei?«

»Ja«, sagte Karl und griff in seine Tasche. Dort war das lila Journal. Ihm lief es heiß und kalt über den Rücken. Er wusste gar nicht, warum er es eingepackt hatte. Er zögerte, es herauszuholen. Aber dann gab er sich einen Ruck und legte es einfach auf den Tisch, als wäre es das normalste Buch auf der Welt.

Marc schaute es sehr aufmerksam an: »Ich hatte auch mal so eins«, sagte er leise. »Wo hast du das her?«

»Na ja, heute Morgen hab ich es von meinem Küchentisch

genommen und in die Tasche gesteckt«, versuchte Karl auszuweichen.

Marc sah ihn nur freundlich an und nickte leicht, als wolle er ihn ermuntern, weiterzusprechen. Da erzählte Karl ihm von seinem Traum. Und schon wieder konnte er sich überhaupt nicht erklären, warum er das tat. Aber es fühlte sich richtig an. Denn Marc schien gar nicht überrascht zu sein. Er sagte: »*Ja, wenn wir uns mit den wichtigen Fragen des Lebens auseinandersetzen, passieren Dinge, die wir uns zuerst nicht erklären können. Vieles kommt uns wie ein Wunder vor.* Aber du wirst sehen: Alles ist gut.«

Karl meinte sich zu erinnern, dass Marc schon einmal gesagt hatte: »Alles ist gut.«

»Schreib doch mal diese drei Fragen auf«, schlug Marc vor, »aber lass etwas Platz zwischen ihnen. Dann kannst du dir ein paar Notizen machen. So werden diese Fragen für dich mehr Bedeutung bekommen:

Kann ich das?

Bin ich liebenswert?

Wer bin ich?«

Karl fing nicht an zu schreiben. Er wusste nicht so richtig, was das sollte. Marc schien seine Gedanken zu lesen: »Ich mache dir einen Vorschlag. Ich erkläre dir heute kurz, was Selbstbewusstsein bedeutet. Und wenn du möchtest, dann coache ich dich, damit du ein gesundes Selbstbewusstsein entwickelst.«

»Wer sagt denn, dass ich kein gesundes Selbstbewusstsein habe?«, entgegnete Karl trotzig.

Marc schaute ihm tief in die Augen: »Bist du liebenswert?«

»Was hat das damit zu tun?«, wich Karl aus. »Ich bin jedenfalls kein Angeber.«

»Lass uns ein wenig spazieren gehen«, schlug Marc vor. »Ich kenne da ein Café, wo wir einen erstklassigen Espresso bekommen. Den besten der Stadt. Ich erzähle dir unterwegs etwas von meiner Lebensphilosophie. Dann kannst du entscheiden, ob du von mir etwas lernen möchtest.«

Karl war einverstanden. Sie machten sich gleich auf den Weg. Und Marc begann: »Jeder, mit dem ich je gearbeitet habe, hatte tief drinnen«, dabei zeigte er auf sein Herz, »einen bestimmten Glaubenssatz: ›Ich bin nicht gut genug‹. Dahinter verbergen sich Gedanken wie: ›Ich tue nicht genug. Ich verdiene das nicht. Ich kann das nicht. Ich mag mich nicht wirklich‹. Solange wir solche Gedanken in uns tragen, werden wir nie unser wahres Potenzial abrufen können. Wir trauen uns nicht, unseren Traumpartner anzusprechen. Wir suchen nicht nach unserem Traumjob. Wir überlegen nicht, wie wir am allerliebsten leben würden. Aus einem einzigen Grund: weil wir denken, ›ich bin nicht gut genug‹. Nach dem Motto: Wenn wir nicht gut genug sind, dann verdienen wir auch nichts wirklich Gutes. *Denken wir aber gut über uns, dann glauben wir, nur das Beste zu verdienen.*«

Karl hörte zu, ohne es richtig zu verstehen. Aber er spürte, dass Marc etwas sehr Wichtiges und sehr Weises sagte.

Marc fuhr fort: »Das Leben ist sehr einfach. Was wir hineingeben, bekommen wir zurück. *Was wir über uns selbst denken, wird für uns wahr.* Unser Unterbewusstsein akzeptiert, was wir wählen, über uns zu denken. Viele Gedanken über uns haben wir von unseren Eltern übernommen, aus unserer Kindheit und unserer Jugend. Aber das sind alles nur Gedanken, und *Gedanken können verändert werden.* Wenn du deine Gedanken über dich veränderst, veränderst du auch dein Gefühl über dich selbst.

Wenn wir nicht gut über uns denken, dann werden diese

schlechten Meinungen vom Leben bestätigt. *Wenn wir gut über uns denken, ziehen wir die schönsten und besten Dinge in unser Leben hinein.* Hier geht es nicht nur um materiellen Erfolg, sondern ebenso um unsere Freundschaften, unsere Familie, unsere Partnerschaften, unsere Gesundheit ... *Wenn du eine gute Meinung über dich hast, ziehst du nur das Beste in dein Leben hinein.«*

• • •

Marc und Karl hatten das Café erreicht. Karl war sehr nachdenklich. Er war sich nicht sicher, ob er alles richtig verstanden hatte. Und erst recht nicht, ob er Marc zustimmte. Aber er fühlte, dass Marc wusste, wovon er sprach. Also nahm er wortlos das lila Journal aus seiner Tasche:

»Wie waren noch mal die drei Fragen?«, wollte er wissen.

Gleichzeitig konnte er sich selbst nicht erklären, warum er diese Fragen noch einmal hören wollte.

Kann ich das?
Bin ich liebenswert?
Wer bin ich?

Karl notierte sie. Und er war erleichtert, dass er ganz normal in dieses Journal hineinschreiben konnte.

Marc machte einen Vorschlag: »Überlege in Ruhe, was diese drei Fragen für dich bedeuten. Und dann treffen wir uns in ein paar Tagen wieder und sprechen darüber. Einverstanden?«

»Okay«, willigte Karl ein.

Unvermittelt fragte Marc: »Hast du eigentlich eine Freundin?«

»Nein«, erwiderte Karl verwundert. Was sollte diese Frage jetzt? Na ja, er hatte schließlich nichts zu verbergen. Also sagte er: »Es gibt da jemand beim Film, die mich interessiert, aber sie beachtet mich nicht. Ich glaube, sie hat nur Augen für die großen Stars.«

»Renne niemandem hinterher. Sei du selbst, mach dein Ding und arbeite hart. Die richtigen Menschen werden zu dir kommen. Und bleiben«, sagte Marc und fügte hinzu: »Die Voraussetzung ist aber, dass du dich selbst für liebenswert hältst.«

Sie verabredeten sich zum Mittagessen in drei Tagen und verabschiedeten sich. Als sie schon ein paar Schritte voneinander entfernt waren, rief Marc: »Eine Sache noch. Wenn du einverstanden bist, schicke ich dir hin und wieder ein paar kluge Gedanken über dieses Thema per WhatsApp.«

»Okay«, willigte Karl ein. »Aber warum?«

»Wir bekommen so viele negative Eindrücke jeden Tag. Das zieht uns runter«, erklärte Marc. »Da ist es gut, ab und zu etwas Positives zu lesen. Du wirst schon sehen.«

2 ANNA

An dem Abend konnte Karl lange nicht einschlafen. Ihm schossen viele Gedanken durch den Kopf: *Wenn wir gut über uns denken, ziehen wir die schönsten und besten Dinge in unser Leben.* Das hatte Marc behauptet.

Karl freute sich darauf, mehr von Marc zu erfahren. Er wollte auch wissen, ob dessen Leben wirklich so voll von den »schönsten und besten Dingen« war. Gleichzeitig konnte er sich nicht vorstellen, dass dies auch für ihn selbst erreichbar wäre. Schließlich wurde er sehr müde. Aber da fiel ihm das lila Buch ein. Er stand noch einmal auf und legte das Journal in die Schublade seines Schreibtischs. Er wollte die alte Frau überlisten.

Tatsächlich erschien ihm die alte Frau mit den weißen Haaren wieder im Traum. Sie trug auch diesen grellroten Pullover. Und wieder konnte er sie nicht verstehen. Sie bewegte den Mund, aber er hörte nichts. Dann zeigte sie ihm das lila Buch und legte es ... in die Schublade seines Schreibtischs.

Als Karl aufwachte, war ihm der Traum noch genau im Gedächtnis. Er holte das Journal aus der Schublade und blätterte. Tatsächlich stand ein neuer Eintrag auf der zweiten Seite:

Die entscheidende Frage ist: BIN ICH GUT GENUG?
Die meisten Menschen stellen sich diese Frage nicht bewusst. Sie geben sich einfach die Antwort: Ich bin nicht gut genug. Ich kann das nicht. Ich muss, aber ich kann nicht. Ihr Selbstbewusstsein ist nicht entwickelt.
Es sind drei Fragen, die uns helfen, uns über die drei entscheidenden Aspekte unseres Selbstbewusstseins klar zu werden:

Kann ich das?
Bin ich liebenswert?
Wer bin ich?

<u>Kann ich das:</u> Fühle ich mich den Herausforderungen meines Lebens gewachsen?
<u>Bin ich liebenswert:</u> Bin ich es wert, glücklich zu sein? Verdiene ich ein schönes und glückliches Leben? Bin ich es wert, geliebt zu werden?
<u>Wer bin ich:</u> Was für ein Mensch bin ich? Und bin ich dankbar für mein jetziges Leben?
Die Antworten auf diese Fragen bestimmen die Qualität unseres Lebens.

Wieder endete der Text abrupt. »Wo kommt das her?«, fragte sich Karl. »Werde ich verrückt? Es muss eine logische Erklärung für all das geben«, versuchte er sich zu beruhigen. Er fand aber keine. Also konzentrierte er sich auf den Text.

Und dann hatte er eine Idee: Er wollte diese Fragen für sich beantworten. Und zwar schriftlich. Karl kicherte albern: »Alte Frau, du hast doch nichts dagegen, wenn ich wieder in dein Buch schreibe?« Diesmal nahm er eine andere Farbe. Die alte Frau hatte in Blau geschrieben. Er schrieb mit einem roten Stift und notierte ins Journal:

Kann ich das? Ich glaube nicht, dass ich alle Situationen meistern kann. Gibt es überhaupt jemanden, der das von sich sagen kann? Vielleicht Superman. Aber das wäre bestimmt ein wahnsinnig gutes Gefühl.

Bin ich liebenswert? Ich glaube, dass die Stars in meinem Film sehr viel cooler und viel liebenswerter sind. Sie haben es auch verdient, ein glückliches und schönes Leben zu haben. Ich sehe nicht, warum ich das verdient haben sollte.

Wer bin ich? Wenn ich beschreiben sollte, wer ich bin, würde mir das schwerfallen. Ich weiß zu wenig über mich selbst. Ich weiß auch nicht, ob das wichtig ist. Muss ich mich beschreiben können? Mit dieser Frage kann ich am wenigsten anfangen.

Sein Handy meldete den Eingang einer WhatsApp. Sie war von Marc. Wie angekündigt nur ein Spruch:

> Hast du schon mal jemanden so sehr geliebt, dass du alles für diese Person getan hättest? Sei du selbst diese Person, und tu, was immer dich glücklich macht.

»Nein«, dachte Karl, »das hab ich noch nicht. Ich war noch nie so richtig verliebt.« Er schwärmte zwar für eine Beleuchtungsassistentin im Studio; die sah super aus. Aber verliebt? Eindeutig nein!

Dann überlegte er: Warum schickt Marc mir diesen Spruch? Doch jetzt hatte er keine Zeit mehr zum Nachdenken. Er musste sich fertig machen und zum Filmstudio eilen. Er war schon spät dran. Wieder kicherte er: Wenn er zu spät käme, könnte er ja von der Frau mit dem roten Pullover und dem lila Journal erzählen. Das würde bestimmt jeder verstehen.

Auf einmal fühlte Karl sich gut. Er spürte, dass er Sinn für Humor hatte. Der half ihm, mit vielem fertigzuwerden. Auch mit einem lila Journal, das es gar nicht geben durfte.

• • •

Der Vormittag dehnte sich. Die Beleuchter waren heute irgendwie besonders langsam, und Karl hatte das Gefühl, die Zeit sei stehen geblieben; auch, weil er nicht richtig bei der Sache war. Und da vergeht die Zeit bekanntlich besonders langsam.

»Was ist das überhaupt für ein Job«, fragte er sich: »Lichtdouble. Klar, ich wollte unbedingt beim Film reinschnuppern. Aber Lichtdouble zu sein ist schon krass.«

Karl bemühte sich, sich auf seinen Job zu konzentrieren. Am Nachmittag gelang es ihm endlich. Er fokussierte sich auf den Star, dessen Lichtdouble er war. Er versuchte, sich alles von diesem genialen Schauspieler abzugucken. Auf einmal war sein Job wieder sinnvoll: Er lernte dazu; gleichzeitig war er aber nicht zufrieden.

• • •

Karl hatte Marc jetzt drei Tage nicht gesehen. Und er freute sich auf das Mittagessen. Natürlich war er pünktlich.

Marc hatte wieder ausnehmend gute Laune: »Was für ein wundervoller Tag. Wie schön, dich zu sehen. Ich habe mich sehr darauf gefreut. Und du bist wieder pünktlich. Klasse!«

»Ich hab mich auch gefreut«, sagte Karl, »aber ich bin auch ziemlich durch den Wind. Es passieren komische Sachen.«

»Veränderungen sind immer ungewöhnlich«, antwortete

Marc. »Sie sind der Beginn von etwas Neuem. Und das Neue ist ja nicht das Gewohnte. Ich habe das Gefühl, dass du einen neuen Zugang zu dir finden wirst.«

»Was ist an meinem Zugang zu mir nicht in Ordnung?«, fragte Karl irritiert.

»Du bist ein wunderbarer junger Mann«, antwortete Marc, »du erinnerst mich in vielem an mich, als ich in deinem Alter war. Aber ich habe nicht den Eindruck, dass du die drei Fragen wirklich beantworten kannst.«

»Stimmt«, musste Karl zugeben. Diese drei Fragen würden ihn jetzt verfolgen: Kann ich das? Bin ich liebenswert? Wer bin ich? Er schaute Marc forschend an: »Kannst du das denn für dich positiv beantworten?«

»Klares Ja, und das ist eine der größten Segnungen meines Lebens. Wahrscheinlich sogar der Ausgangspunkt von allem Guten und Schönen in meinem Leben. Ganz sicher könnte ich meinen Job nicht machen, wenn ich diese Antworten für mich nicht gefunden hätte.«

Nach einer kleinen Pause fügte er hinzu: »Durch meine Forschungen und meinen Beruf weiß ich: Wirkliches Glück und Erfolg sind ohne Selbstbewusstsein nicht möglich. Und Selbstbewusstsein hat damit zu tun, dass wir *unsere* Antworten auf diese drei Fragen kennen.

Selbstbewusstsein bedeutet: Ich mache mir selbst bewusst: Ich kann das. Ich bin liebenswert. Ich weiß, wer ich bin.«

Karl brummte. Das klang ihm viel zu absolut. Er erinnerte sich noch gut daran, dass Marc behauptet hatte, Selbstbewusstsein sei die wichtigste Eigenschaft von allen. Aber weder Glück noch Erfolg ohne Selbstbewusstsein? Das ging ihm zu weit. Er fragte Marc, warum er das behaupte.

»Das werde ich dir gerne erklären«, antwortete der fröhlich. »Aber jetzt habe ich erst mal Hunger.« Sie aßen wie immer fast schweigend; das Essen war wieder köstlich.

• • •

Nach einem leckeren Nachtisch schlug Marc vor: »Ich habe heute Nachmittag einige Termine. Aber du kannst gerne mit zu mir in meine Firma kommen und dich dort ein bisschen umschauen. Du kannst dich auch gern mit meinen Kollegen unterhalten.«

Karl willigte ein. Er war wirklich neugierig geworden.

Während der Fahrt zu seiner Firma meinte Marc: »Weißt du, niemand wird mit einem hohen Selbstbewusstsein geboren. Jeder von uns muss es entwickeln.«

»Aber ich kenne Leute, die hatten schon sehr früh ein Mega-Selbstbewusstsein«, wandte Karl skeptisch ein.

»Ja, solche Menschen kenne ich auch. Und das ist ein großer Vorteil. Aber trotzdem sind sie nicht mit diesem Selbstbewusstsein geboren worden. Sondern sie hatten das Glück, in frühester Kindheit oder in ihrer Jugend ein Umfeld zu haben, das ihnen geholfen hat, ihr Selbstbewusstsein extrem gut auszubilden.«

»Dann hatte ich dieses Umfeld wohl eher nicht«, überlegte Karl und fragte: »Du sagst, jeder von uns muss es entwickeln. Wie kann ich das machen?«

»Die Antwort darauf wirst du in meiner Firma finden.«

Sie waren angekommen: ein schlichter, moderner, aber gleichzeitig beeindruckender Bau. Ein dezentes Logo verkündete:

AKADEMIE FÜR SELBSTBEWUSSTSEIN

Im Foyer begegneten sie einer sympathisch aussehenden Frau, die Marc nach einer sehr freundlichen Begrüßung als seine Assistentin Lisa vorstellte. Sie werde sich um ihn kümmern. Dann verschwand Marc zu einem Meeting.

Karl wusste nicht so recht, was er sagen sollte. Schließlich versuchte er zu erklären: »Ich bin Marc hinten draufgefahren. Und mir hat imponiert, wie cool er mit der Situation umgegangen ist. Er ist unfassbar nett gewesen. Er war mehr besorgt, dass mir etwas passiert sein könnte, als über den möglichen Schaden an seinem Auto. Wir sind dann ins Gespräch gekommen, und er hat mir gesagt, was er macht. Er sei der führende Experte für Selbstbewusstsein weltweit. Da bin ich neugierig geworden. Obwohl ich gar nicht wirklich wusste, was Selbstbewusstsein ist.«

Karl dachte einen Moment nach und ergänzte: »Das heißt, ich weiß es auch jetzt noch nicht wirklich. Ich kenne bislang nur die drei Fragen dazu. Und dann hat Marc mich eingeladen, mit hierherzukommen. Hier bin ich. Und mir ist nicht wirklich klar, was ich hier soll.«

»Ich weiß, Marc hat mir davon erzählt«, sagte Lisa und nickte freundlich. »Und ich kann dich gut verstehen. Mir ging es auch so, als ich Marc kennengelernt habe. Ich habe die Bedeutung der drei Fragen erst nach und nach verstanden. Und ich wusste nicht, wie ich anfangen sollte.«

»Ja, genauso geht es mir«, meinte Karl.

Lisa fuhr fort: »Du kannst hier ganz viel selbst entdecken. Am besten schaust du dich einfach um. Du kannst überall hingehen. Und mit jedem sprechen, der nicht gerade in einem Meeting ist. Folge einfach deiner Intuition. Du wirst den richtigen Gesprächspartner für dich finden. Und wenn du Fragen hast, bin ich gerne für dich da.« Lisa erklärte ihm noch, wo er sie finden würde, und dann ließ sie Karl allein.

Der blickte sich unsicher um. War das ein fieser Test? Nein, entschied er. Diese Leute waren vielleicht komisch drauf, aber sie schienen es gut mit ihm zu meinen. Schon bald fiel ihm ein Spruch ins Auge, der eingerahmt an der Wand hing:

> Der erste Schritt, um Selbstbewusstsein zu entwickeln:
> Entscheide dich, es zu entwickeln!

»Das ist ja wohl klar«, dachte Karl spöttisch. »Toller Tipp.« Aber dann bemerkte er: Bis vor Kurzem hatte er gar nicht über Selbstbewusstsein nachgedacht. Er hatte ihm auch keinen Stellenwert zugemessen. Jetzt wusste er etwas darüber – aber natürlich änderte sich dadurch nichts.

Das kannte er vom Sport: Wenn er fitter werden wollte, musste er zuerst eine bewusste Entscheidung treffen. Das war wohl auch mit dem Selbstbewusstsein so: Wenn er selbstbewusster werden wollte, musste er sich entscheiden, selbstbewusster zu werden. Er grübelte. Und er merkte: Er war noch nicht reif für solch eine Entscheidung. Musste er selbstbewusster werden? Er war einfach noch nicht überzeugt.

• • •

Karl lief aufs Geratewohl los. Da hörte er Stimmen. Hinter einer Scheibe aus Rauchglas schien ein Konferenzraum zu sein. Neugierig ging Karl näher. Er durfte sich ja überall umschauen, hatte sie gesagt. Also würde es wohl auch okay sein, wenn er ein bisschen zuhörte, was die da hinter der Scheibe besprachen.

Er hörte die Stimme einer Frau. Plötzlich ging ein Ruck durch ihn: Er blieb wie elektrisiert stehen. Er konnte sich nicht mehr bewegen. Es war die schönste und gleichzeitig vertrauteste Stimme, die er jemals gehört hatte. Er hoffte, dass sie immer weitersprechen würde. Und er wusste, dass er diese Stimme noch nie zuvor gehört hatte. Und dass er sich in diesem Moment in diese Stimme verliebte.

»Jetzt spinnst du wirklich«, dachte er. »In eine Stimme verlieben. Wer hat schon mal so was Albernes gehört? Nicht mal in einem schlechten Film ...« Besorgt schaute er sich um: »Wenn mich jetzt einer sieht hier. Ich kann doch nicht einfach zuhören. Tue ich auch nicht«, bemerkte er dann. »Ich höre nur auf die Stimme.« Das war die Wahrheit. Er hatte gar nicht auf die Worte gehört. Nur auf die Melodie dieser Stimme. Und es war eindeutig: Sie brachte sein Herz zum Schwingen.

Die Stimme verstummte. Karl starrte weiter auf die Rauchglasscheibe. Er hoffte einfach, dass sie wieder anfangen würde zu sprechen. Da glitt die Scheibe plötzlich lautlos zur Seite. Und Karl starrte auf eine kleine Gruppe von Menschen, die jetzt unmittelbar vor ihm stand: drei Männer und eine Frau. Sie schauten ihn fragend an.

Karl stammelte: »Marc hat gesagt, dass ich mich hier umschauen soll.«

»Ja, das macht der Brain gerne«, sagte ein junger Mann aus der Gruppe.

»Der Brain?«

»So nennen wir ihn – also Marc. Er ist der intelligenteste Mensch, den ich kenne«, sagte der junge Mann.

»Und das weiß er auch«, ergänzte ein anderer aus der Gruppe grinsend.

Die junge Frau hatte Karl die ganze Zeit aufmerksam beobachtet. Jetzt lächelte sie: »Ich bin Anna. Vielleicht kann ich dir helfen. Was möchtest du wissen?«

Karl stellte sich vor. Dann wurde ihm schlagartig bewusst: Die Stimme, die er eben vernommen hatte, gehörte zu ihr. Zu Anna. Sie war wunderschön, sie passte genau zu dieser Stimme und die Stimme zu ihr. Er starrte Anna an. Endlich fiel ihm auf, dass sie auf seine Antwort wartete. Er fühlte, wie er rot anlief.

»Verdammt, bin ich uncool«, schoss es ihm durch den Kopf. Dann sagte er: »Ich würde gern wissen, wer ich bin. Ich glaube, darum bin ich hier.«

Alle vier lachten leise. Aber nicht spöttisch, wie Karl verwundert bemerkte. Einer sagte: »Darum sind wir wahrscheinlich alle hergekommen. Wir haben gespürt, dass in unserem Leben viel mehr möglich ist, wenn wir drei bestimmte Fragen für uns gut beantworten können.«

Anna schlug vor: »Ich glaube, dabei kann ich dir helfen.« Sie schaute Karl weiter neugierig an und fuhr fort: »Dann musst du aber bereit sein, dich stark zu öffnen.«

Karl spürte, wie sich sein Hals zuzog. Er sollte dieser wunderschönen Frau sein Inneres zeigen? Seine schwachen und empfindsamen Seiten?

Er murmelte: »Ich weiß nicht, ob ich das kann.« Gleichzeitig wäre er am liebsten im Boden versunken. Wie dumm war das denn?

Anna blickte ihn unvermindert an und nickte dann: »Das ist in Ordnung«, sagte sie. »Jedenfalls wünsche ich dir viel Erfolg bei der Suche nach deinen Antworten. Vielleicht bis irgendwann mal.« Dann ging sie mit den drei Männern davon.

• • •

Karl kannte das Gefühl nur zu genau, das ihn nun beschlich: Wenn es darauf ankam, reagierte er nicht besonders gut. Er konnte sich nicht erklären, woran das lag. Er schaute sich weiter um. Und da er nicht wusste, wonach er suchen sollte, las er einfach den einen und anderen Spruch an der Wand.

> Ein Mensch kann sich nicht wohlfühlen, wenn er sich selbst nicht akzeptiert.
> *Mark Twain*

»Stimmt«, dachte Karl. »Ich fühle mich nicht wohl. Und ich finde mich gerade alles andere als gut.« Plötzlich merkte er, dass er Angst hatte. Angst, in den entscheidenden Momenten zu versagen. So wie eben. Er musste sich sogar eingestehen: »Ich habe sehr oft Angst.« Und dann bemerkte er: »Ich habe sogar Angst vor der Angst.«

Karl haderte mit sich: »Da steht plötzlich eine Frau vor mir, die so wundervoll ist, dass ich nicht gedacht hätte, dass es so jemanden wirklich gibt. Und diese Frau schlägt mir vor, ein tiefes Gespräch mit mir zu führen. Und ich sage, ich kann nicht. Ich bin ein hoffnungsloser Fall«, entschied er für sich.

Sein Auge fiel auf einen weiteren Spruch:

> Werde dir bewusst, wie du mit dir selbst sprichst. Führst du möglicherweise Krieg mit dir? Kritisierst du dich härter, als das deine Feinde tun?

Er merkte, dass er sich selbst ganz schön runterputzte. Aber er hatte immer gedacht, das sei so richtig und wichtig. Doch Krieg mit sich selbst führen, das konnte nicht sein. Er las noch einen eingerahmten Spruch:

> Sieh im Spiegel die Liebe deines Lebens.

»Okay«, sagte er sich. »Jetzt reicht's. Das bringt mir nichts. Ich blamiere mich hier unsterblich, und ich fühle mich immer schlechter.« Er wollte zu Lisa gehen und sich verabschieden.

Er fand ihr Büro. Sie lächelte freundlich, als sie ihn sah. Auf einmal kam es ihm albern vor, dass er davonlaufen wollte. Er nahm seinen Mut zusammen und fragte Lisa, was Anna in der Akademie für Selbstbewusstsein tat.

Lisa nickte lächelnd: »Anna hat dich wohl beeindruckt? Das kann ich gut verstehen, sie ist einfach super. Sie ist unsere Marketingchefin.«

»Was macht in einer Akademie für Selbstbewusstsein eine Marketingfrau?«, fragte Karl.

»Nun, sie erklärt den Entscheidern der Top-Unternehmen dieser Welt, warum Selbstbewusstsein die wichtigste Eigenschaft ist, die sie bei ihren Mitarbeitern fördern müssen«, erklärte Lisa in Marcs Worten.

»Ja«, erinnerte sich Karl. »Damit deren Top-Mitarbeiter auch gut genug sind, um die Produkte von morgen zu entwickeln.«

»Genau«, stimmte Lisa ihm zu. »Anna nimmt dazu die Ergebnisse von Marcs Forschung, bespricht sie mit ihm und erstellt daraus leicht verständliche Übersichten. Und diese Übersichten übersetzt sie dann in die Marketingsprache.«

Fröhlich fuhr Lisa fort: »Letztes Jahr hat sie eine Grafik erstellt, die so gut war, dass sie von Marc neben ihrem Gehalt einen Bonus von 100 000 Euro bekommen hat.«

War Karl zuerst beeindruckt gewesen, so verlor er jetzt jeden Mut. Das war ja mehr, als er als Lichtdouble in sieben Jahren verdienen könnte.

Lisa erklärte unbeeindruckt weiter: »Möchtest du diese Grafik einmal sehen?«

Hin- und hergerissen zwischen Frust und Bewunderung, willigte Karl ein.

»Es ist eine Pyramide«, sagte Lisa, »und das ist das Geniale. Die einfache Struktur der Pyramide ist gleichzeitig das stärkste bekannte Gebilde in der Physik. Hier ist sie.«

Sie drückte Karl eine geschmackvoll gedruckte Karte in die Hand. Er musterte sie aufmerksam.

Selbstbewusstsein

Selbstvertrauen   Selbstachtung   Selbstbild

»Wow, 100 000 Euro für vier Worte. Unfassbar«, durchzuckte es Karl.

Plötzlich hörte er die freundliche Stimme von Marc hinter sich, der den Raum betreten hatte: »Die Summe ist absolut angemessen«, sagte er.

Karl bemerkte, dass er offensichtlich laut ausgesprochen hatte, was er dachte. Er schämte sich.

Marc bat Karl, ihm in sein Büro zu folgen. Dort fuhr er unbeeindruckt fort: »Und diese vier Worte waren nur der Anfang. Lies einmal den Text unter dieser Pyramide. Später sage ich dir, wie Anna das dann in die Marketingsprache übersetzt hat. Absolut genial.«

Karl las, was unter der Pyramide stand:

Selbstvertrauen: Das Wissen, ich bin den Herausforderungen des Lebens gewachsen.
ICH KANN DAS.
Selbstachtung: Selbstwert, Selbstrespekt, Mitgefühl für mich selbst.
ICH BIN LIEBENSWERT.
Selbstbild: Selbstimage, Selbsterkenntnis, Selbstverständnis, wissen, wie ich mich im Alltag verhalte.
ICH WEISS, WER ICH BIN.

Karl beschloss, darüber in Ruhe nachzudenken.

»Hast du eigentlich Anna kennengelernt?«, erkundigte sich Marc.

»Ja«, antwortete Karl. »Ich hab zuerst ihre Stimme gehört und …«

»Ich blamier mich schon wieder«, schoss ihm durch den Kopf.

»Und?«, ermunterte ihn Marc. Gleichzeitig schaute er ihn freundlich und verständnisvoll an.

Karl entschied sich, die Wahrheit zu sagen, obwohl er sich nicht erklären konnte, warum er das tat: »Anna ist wirklich toll. Aber ich hab alles versaut.«

Er erzählte, dass Anna ihn eingeladen habe, über die Frage nachzudenken: Wer bin ich? Und dass er geantwortet habe, er wisse nicht, ob er das könne.

»Sie hat dich beeindruckt, stimmt's?«, fragte Marc.

»Ja«, gab Karl widerwillig zu.

»Deine Antwort war natürlich eher ein Rezept, wie du eine Frau nicht kennenlernst.« Marc sagte das ernst, aber ohne Vorwurf.

»Ich weiß«, seufzte Karl und redete einfach drauflos: »Was

soll ich tun? Wenn sie merkt, wie ich wirklich bin, hab ich keine Chance bei ihr. Ich meine: Hallo, ich verdiene elf Euro die Stunde. Sie hat einen Bonus von 100 000 Euro bekommen. Sie hat diese Präsenz, sie ist schön, klug, hat einen super Job ... Darum hat sich in mir alles gesträubt, mich ihr zu öffnen. Ich meine, ich bin Lichtdouble und ein unglücklicher Student. Ich hab Angst, in wichtigen Momenten zu versagen. So wie eben ...«

Marcs Antwort überraschte ihn: »Lass sie das doch selbst entscheiden. Wenn ich es richtig verstanden habe, hat *sie* dir angeboten, mit dir zu sprechen. Also hat sie Interesse an dir.«

»Und was kann ich jetzt tun?«, fragte Karl zögernd.

»Geh einfach zu ihr und sag ihr, dass du gerne auf ihr Angebot zurückkommst«, schlug Marc vor. »Es ist wichtig, dass du erkennst, wer du wirklich bist. Anna kann dir dabei helfen.«

»Ich heiße Karl, ich bin Jurastudent, und ich jobbe als Lichtdouble«, versuchte er sein Zögern zu erklären.

»Diese Beschreibung kann auf viele x-beliebige Menschen zutreffen. Es sagt mir so gut wie nichts über dein wahres Ich«, antwortete Marc.

Karl spürte, dass Marc recht hatte. Aber er war sich unsicher.

»Ich möchte dir eine Geschichte erzählen«, sagte Marc:

»In Florenz steht der David von Michelangelo. Viele sagen: Das ist die schönste Skulptur der Welt. Es wird überliefert, dass Michelangelo, als er noch sehr jung war, sich einen großen, neun Meter langen Block aus Marmor anschaute. Und dass er genau sah, was er mit diesem Block machen könne. Michelangelo arbeitete dann vier Jahre daran, den David zu erschaffen.

Das Spannende ist, dass die größten Künstler der damaligen Zeit gesagt hatten: ›Dieser Marmorblock ist nutzlos. Er ist verschnitten.‹ Auch der große Leonardo da Vinci meinte das und zwei andere Meister: ›Man kann nichts aus ihm machen.‹ Aber dann kam der erst 26 Jahre alte Michelangelo und schuf die schönste Skulptur der Welt. Als er fertig war, wurde er gefragt: ›Wie konnte dir das gelingen?‹ Und er sagte: ›Ich sah plötzlich den David in dem Marmorblock. *Meine Aufgabe war einzig, all das zu entfernen, was nicht der David war*, bis nur noch die perfekte Figur übrig war.‹«

Karl hatte Florenz besucht und den David bewundert. Er verstand aber nicht, warum ihm Marc diese Geschichte erzählte.

Marc fuhr fort: »In gewisser Weise sind wir alle wie der David. Wir sind im übertragenen Sinn in einem Marmorblock gefangen. In dem Steinblock können die meisten von uns ihre wahren Stärken und ihre Schönheit nicht erkennen. Da ist einfach diese dicke, undurchdringliche Schicht aus Stein: zu viele negative Emotionen und Selbstzweifel, zu viele falsche Geschichten über uns selbst.

Ein großes Ziel unseres Lebens ist es, alles zu entfernen, was unser wahres Selbst verdeckt: die vielen Ängste, Unsicherheiten, negativen Gefühle, Zweifel und falschen Glaubenssätze. All das, was uns zurückhält – bis nur noch das übrig bleibt, was den besten Menschen ausmacht, der wir sein können.«

Und Marc fügte ernst hinzu: »Ich sehe etwas in dir, was du selbst noch nicht siehst. Vielleicht hat Anna auch etwas davon gesehen. An deiner Stelle würde ich mit ihr sprechen.«

Die Geschichte von Michelangelo beeindruckte Karl.

Auch wenn es schwer war für ihn, sie auf seine Situation zu übertragen. Als perfekte Statue, als Kunstwerk, konnte er sich nun wirklich nicht sehen.

Aber es stimmte schon, Marc schien etwas in ihm zu vermuten – und vielleicht auch Anna. Etwas, das er selbst nicht kannte. Er wurde neugierig, und auf einmal schöpfte er etwas Mut. Er verabschiedete sich von Marc, um zu Anna zu gehen. Marc erklärte ihm, wo er sie finden könne.

Karl klopfte an ihre Tür und trat ein. Sie lächelte offen und schien sich zu freuen, ihn zu sehen. Er nahm seinen ganzen Mut zusammen und sagte: »Ich hatte Angst. Und es ist schwer, mich auf mich zu konzentrieren, wenn ich dich sehe.«

Annas Lächeln wurde etwas breiter: »Hast du so viel Respekt vor mir?«

»Hab ich«, sagte Karl. Sie erröteten beide leicht.

»Setz dich und erzähle mir von dir. Was machst du?«, fragte Anna. Karl erklärte ihr, dass er Jura studiere, weil das der Wunsch seiner Eltern sei. Aber Jura sei ihm zutiefst zuwider, er liebe eigentlich den Film. Und darum habe er dort einen Job für die Semesterferien gesucht. Zuerst sei er Beleuchtungsassistent geworden, dann Lichtdouble.

»Was macht ein Lichtdouble?«, fragte sie.

»Beim Film muss vor jeder Szene das Licht neu eingerichtet werden«, erklärte Karl. »Das dauert lange. Damit der Star geschont wird, stehe ich da, wo später der Star steht. Das ist es im Wesentlichen.«

»Das klingt nicht gerade anspruchsvoll«, kommentierte Anna seine Tätigkeit.

»Ja und nein«, entgegnete Karl. »Die englische Bezeichnung für den Job heißt *stand in*. Das bedeutet so viel wie einspringen, Platzhalter sein. Du brauchst dafür keine besonderen Fähigkeiten, aber du musst dem Star ähnlich sehen. Wenn er einen Bart hat, brauchst du auch einen Bart, du solltest in etwa gleich groß sein usw.«

»Also nicht anspruchsvoll«, insistierte Anna.

»Ja und nein«, wiederholte Karl. »Am Anfang hab ich das auch gedacht, vieles sei total langweilig. Aber dann hab ich drei Sachen gemacht: Zuerst hab ich das Drehbuch durchgearbeitet. Ich muss ja wissen, was in der Szene passiert, in der ich den Star double. Zweitens hab ich angefangen, den Star genau zu beobachten und zu analysieren. Drittens habe ich alles über Beleuchtung gelernt, was ich nur lernen konnte. Das war wirklich spannend.«

Anna wurde noch aufmerksamer, falls das überhaupt möglich war: »Hast du eine Szene von der letzten Woche, die du mal nachstellen kannst? Dann bekomme ich einen besseren Eindruck.«

»Klar«, sagte Karl. »Also, ich bin jetzt der Star. In dieser Szene wehre ich mich gegen den Chef eines mächtigen Clans.« Karl nahm eine bestimmte Pose ein und fing laut an zu sprechen.

Anna war überrascht: »Wirkt sich das auf die Lichteinstellungen aus, wenn du redest?«

»Natürlich nicht«, antwortete Karl. »Aber so bekommst du einen besseren Eindruck von der Szene.«

»Woher kannst du den Text überhaupt?«, fragte Anna.

»Ich hab schon gesagt: Ich muss wissen, was in den Szenen passiert. Also schau ich mir das Drehbuch an. Ich lese es ein paar Mal durch. Und irgendwie kann ich den Text dann auch.«

»Du bist eigentlich nur ein *stand in*, aber du lernst die Drehbücher auswendig? Kennst du noch ein Lichtdouble, das sich die Drehbücher einprägt?«

»Eher nicht ...«

Anna war sichtlich beeindruckt: »Du hast gesagt, dass du angefangen hast, das Drehbuch zu lernen, und zweitens hast du angefangen, den Star zu analysieren. Und du hast viel über Beleuchtung gelernt?«

»Du hörst wirklich gut zu«, sagte Karl anerkennend. Er erklärte: »Wenn ich den Star beobachte, kann ich lernen, mich so zu bewegen und zu benehmen, wie er das tut. Ich studiere seine Bewegungsabläufe. Das hilft natürlich bei der Einstellung des Lichts. Nimmt er das Telefon zum Beispiel links oder rechts ans Ohr? Mit welcher Hand öffnet er die Tür? Das mache ich dann auch so. Genauso. Wenn ich mehr über Beleuchtung verstehe, hilft mir das enorm.«

Anna nickte zustimmend, und Karl fuhr fort: »Ich mache das wohl ziemlich gut. Denn der Star hat neulich zu mir gesagt: ›Welcome to me.‹ Damit wollte er mir sagen, dass ich ihm ziemlich gut helfe. Und dass er meine Arbeit schätzt. Ich hab eben gemerkt, dass mir all das leichter fällt, wenn ich auch die Dialoge kenne. Und wenn ich etwas von Beleuchtung verstehe. Es macht mir auch mehr Spaß.«

»Du bist also ein guter Schauspieler«, sagte Anna.

»Nein«, widersprach Karl energisch. »Ich kann nur gut einen Schauspieler nachmachen.«

»Aber genau das ist doch die Qualität eines Schauspielers«, sagte Anna, »in eine andere Rolle schlüpfen zu können. Das ist doch eine ganz wichtige Erkenntnis!«

Karl stutzte. Versonnen erklärte er: »Wenn ich dann schon fünfzehn bis zwanzig Minuten dastehen muss, bis das Licht endlich eingestellt ist, nutze ich die Zeit, um den Text zu murmeln. Und ich beobachte, was die Lichttechniker machen.«

»Magst du mir noch eine Szene vorspielen?«, fragte Anna.

Karl ließ sich nicht zweimal bitten; er mochte Schauspielen wirklich. Er war gehemmt, wenn er mit Anna reden sollte. Aber das hier war ja nur eine Rolle. Da fühlte er sich wohl. Er wählte eine längere Szene mit zwei Personen. Dabei bewegte er sich schnell hin und her und spielte beide Charaktere, die einen anspruchsvollen Dialog hatten.

Als er fertig war, klatschte Anna. Karl sah sie skeptisch an, aber ihre Begeisterung schien echt: »Du bist wirklich richtig gut.« Sie wiederholte sich und betonte jedes einzelne Wort. »Wirklich. Richtig. Richtig. Gut. Ich habe Gänsehaut bekommen.«

»Na ja«, sagte Karl. »Ich hab es nicht genau so gemacht, wie es sein soll. An zwei Stellen hab ich es anders interpretiert, als der Star es spielt. Das fühlt sich für mich richtiger an.«

Anna war einen Moment sprachlos. Dann sagte sie: »Lass mich das mal zusammenfassen. Du bist Lichtdouble, aber du lernst die Drehbücher. Du bist wahrscheinlich das einzige Lichtdouble, das dies tut. Und du beobachtest und analysierst den Star. Du kannst die Rolle genauso spielen wie er. Aber du hast dich entschieden, einige Szenen anders zu spielen. Außerdem hast du dir ein bestimmtes Wissen über Beleuchtung angeeignet. Ist das richtig?«

»Hab ich doch gesagt. Klar.«

»Ich glaube, du hast da ein einmaliges Talent«, sagte Anna feierlich. »Und du tust weit mehr, als es dein Job verlangt.«

Karl konnte so viel Lob nicht annehmen. Er erwiderte: »Ich kann nur gut nachahmen. Ich bin kein Star. Ich hab nichts Geniales. Ich schau mir nur an, was der Star macht, und mach es nach.« Frustriert ergänzte er: »Am Set kennt niemand meinen Namen. Wenn ich ihn sage, vergessen sie ihn sofort. Tolles Talent.«

Anna schüttelte energisch den Kopf: »Goethe hat sinngemäß gesagt: *Wer in anderen etwas Außergewöhnliches erkennt, muss davon etwas in sich selbst tragen. Sonst könnte er es nicht erkennen.*«

Er konnte das nicht gelten lassen: »Das ist absurd.«

»Und noch etwas«, erklärte Anna. »Ein wirkliches Talent erkennst du an zwei Dingen. Erstens: Alles, was damit zu tun hat, lernst du schnell. Und zweitens ist es etwas, was du gerne tust.«

»Schnell lernen können und mögen ist gleichbedeutend mit Talent?«, zweifelte Karl. »Was ich da mache, kommt mir gar nicht außergewöhnlich vor.«

»Das ist ein zusätzliches Merkmal eines Talents«, sagte Anna. »Wir bemerken es nicht, weil es uns so normal vorkommt. Aber ich habe eben eine Kostprobe von dir erhalten. Und ich sage dir: Du bist richtig gut.«

Er schien ihre Worte mit seinen Händen abwehren zu wollen.

Anna dachte einen Moment nach. Dann sagte sie: »Ich glaube, ich kenne die Antwort. Aber lass mich dir die Frage bitte trotzdem stellen: Wovon würdest du wagen zu träumen, wenn du wüsstest, dass du nicht scheitern kannst?«

Er dachte einen Moment nach. Natürlich wäre er dann Schauspieler. Ein großartiger Star: »Ich träume schon davon. Ich glaube nur nicht, dass es realistisch ist. Ich wäre gerne Schauspieler ... keine Frage.«

»Marc sagt immer: *Alles, was du gerne wärst, bist du bereits. Du musst nur anfangen*«, erklärte Anna. Sie zeigte auf eine kleine Statue, die auf ihrem Schreibtisch stand. Karl erkannte sie sofort wieder: eine Nachbildung von Michelangelos David.

»Kennst du die?«, fragte sie.

»Ja, Marc hat mir die Geschichte erzählt.«

»Ich glaube, es ist die Geschichte von jedem von uns, wenn wir das wollen«, sagte Anna. »Ich glaube, jeder von uns hat etwas, was unser Herz wirklich zum Singen bringt.«

Sie zeigte auf einen Spruch an ihrer Wand:

> Gib niemals, niemals etwas auf, an das du jeden Tag denken musst. Es ist dein Herzenswunsch. Bleib dran und behalte deinen Fokus. Es lohnt sich.

»Möchtest du wissen, warum dieser Spruch dort hängt?«, fragte Anna. Karl war neugierig. Anna wollte gerade anfangen zu sprechen, da klingelte das Telefon. Es war Marc. Und es war dringend. Anna schlug vor, sich später weiter zu unterhalten. Vielleicht am Abend, bei einem Essen …

Karl hatte wieder jede Selbstsicherheit verloren. Er schaute sie nicht an und murmelte: »Ich glaube, das ist keine gute Idee …«

• • •

Später saß Karl zu Hause und konnte sich selbst nur schwer ertragen. Er beschimpfte sich immer wieder: »So, keine gute Idee? Du Vollpfosten. Das ist die beste Idee überhaupt. Du hast es vermasselt.«

Sein Handy meldete sich. Es war Marc: »Entschuldige die späte Störung. Ich muss morgen mit ein paar Mitarbeitern nach Mexiko. Ich werde dort ein wichtiges Interview führen und es filmen lassen. Jemand aus meiner Filmcrew ist ausgefallen. Anna hat gesagt, dass du dich mit Beleuchtung gut auskennst. Hast du Zeit und Lust, mitzukommen und zu helfen? Natürlich bezahle ich gut, und Mexiko ist faszinierend. In vier Tagen sind wir wieder zurück.«

Karl war überrascht, aber überlegte nur kurz. Er musste erst in fünf Tagen wieder arbeiten, und er war noch nie in Mexiko gewesen. Er sagte freudig zu.

»Prima«, entgegnete Marc. »Ich freue mich und Anna auch. Die kommt nämlich mit.«

Diese Nachricht reichte aus: Karl wusste, er würde in dieser Nacht nicht schlafen können. Die alte Frau in dem roten Pullover würde ihm also nicht erscheinen.

3 MEXIKO

Es war 3 Uhr nachts, und Karl saß an seinem Schreibtisch. Er hatte sich schlaflos in seinem Bett hin und her gewälzt. Er konnte einfach nicht aufhören, an Anna zu denken. Also beschloss er, etwas zu tun: Er wollte die drei Fragen, die Pyramide und Annas Anmerkungen zu der Pyramide zusammenfügen. Und er wollte überlegen, wie ihm all das in seiner Situation helfen könnte. Er hatte schon oft festgestellt, dass er etwas dann besser verstehen konnte, wenn er es in seine eigenen Worte kleidete. Er nahm Annas Karte mit der Pyramide, las seine Aufzeichnungen, die Worte der alten Frau … Dann schrieb er in das lila Journal:

Marc behauptet, mein Selbstbewusstsein entscheidet, wie glücklich und erfolgreich ich bin. Er sagt, es besteht aus drei Bestandteilen:

Selbstvertrauen:
Ich kann mit allem fertigwerden, was im Moment in meinem Leben passiert. Ich glaube, dass ich auch in Zukunft mit Herausforderungen umgehen kann. Ich habe das Wissen:
ICH KANN DAS.
Meine Anmerkung: Im entscheidenden Moment gelingt mir das nicht. Ich bin dann oft total uncool.

Selbstachtung:
Ich finde mich selbst so gut und liebenswert, dass ich sage: Ich bin es wert, glücklich zu sein. Ich verdiene ein schönes und glückliches Leben. Ich bin es wert, geliebt zu werden. Ich halte mich für wert-voll.
ICH BIN LIEBENSWERT.
<u>Meine Anmerkung:</u> Ich bin nichts Außergewöhnliches. Ich bin ganz normal. Ich habe keine besonderen Talente. Als Student bin ich maximal Durchschnitt. Ich habe zwar einen guten Humor, doch deshalb wird sich Anna eher nicht in mich verlieben. Aber ich habe mich in sie verliebt. Sie ist liebenswert. Aber nicht ich.

Selbstbild:
Ich kenne mich. Ich weiß, was und wer ich bin, und ich bin dankbar dafür. Ich weiß, was ich will. Ich verstehe mich selbst. Ich weiß, welche Entscheidungen ich treffen sollte und warum.
ICH WEISS, WER ICH BIN.
<u>Meine Anmerkung:</u> Mit diesem Punkt kann ich immer noch am wenigsten anfangen. Das ist mir zu abstrakt. Aber ich wüsste es schon gerne. Marc und auch Anna scheinen in mir etwas zu sehen, das ich so nicht wahrnehme. Das irritiert mich.

Dann hatte Karl eine Idee, wie er das Wichtigste zusammenfassen konnte. Für ihn war der magische Satz: ICH KANN DAS. Jedes dieser drei Worte versinnbildlichte für ihn einen der drei Bestandteile von Selbstbewusstsein. Er schrieb die Worte untereinander – und notierte dahinter die Bedeutung.

ICH = bin ... (Selbstbild/weise)
KANN = ich das? (Selbstvertrauen/kompetent)
DAS = ... verdiene ich (Selbstachtung/liebenswert)

Karl legte das Journal weg. Rational war ihm das jetzt klar. Er spürte, dass er gut zusammenfassen konnte. Aber dadurch entstand in ihm kein positives Gefühl. Es war so, als beschreibe er etwas, was mit ihm so gut wie nichts zu tun hatte. Ein bisschen so wie seine trockenen juristischen Lehrbücher. Mit Mühe konnte er die auch verstehen, aber sie erreichten sein Herz nicht.

Sein Handy meldete den Eingang einer WhatsApp von Marc:

> Ich verdiene ein wundervolles Leben.

»Schön wär's«, seufzte Karl … Draußen wurde es langsam hell. Er packte schnell seine Tasche und eilte zum Flughafen.

• • •

Stell dir vor, auch du würdest regelmäßig wertvolle Impulse bekommen – wie würde sich dein Leben verändern?

Erhalte auch du regelmäßig Nachrichten auf dein Handy, mit denen du immer wieder Kraft schöpfst und auf positive Gedanken kommst. Natürlich vollkommen kostenfrei.
Besuche dazu diesen Link oder scanne mit der Kamera deines Smartphones den Code:

www.ichkanndas.de

Für täglich inspirierende Gedanken von Bodo Schäfer folge ihm auf

Am Treffpunkt warteten bereits Marc, Anna und zwei junge Männer. Sie checkten ein. Marc besorgte für alle einen Kaffee. Dann nahm er Karl zur Seite. »Gefällt dir Anna?«, fragte er Karl ganz direkt. Dabei schaute er ihn aufmerksam an.

»Wie kommst du darauf?«, versuchte ihm Karl auszuweichen. Das ging Marc doch nun wirklich nichts an.

»Als ich gestern sagte, dass Anna auch mitkommt, hast du laut geseufzt«, erklärte Marc. »Und als wir uns neulich über sie unterhalten haben, hast du mir zu verstehen gegeben, dass sie dir Lichtjahre entfernt scheint.«

Wenn Karl seine Gefühle hatte leugnen wollen, fiel dieser Vorsatz jetzt in sich zusammen. »Genau das ist es ja«, sagte er. »Sie ist Lichtjahre von mir entfernt.«

»Wer bestimmt das?«, fragte Marc.

»Na, ich …«

»Darf ich dir einen Tipp geben?«

»Okay«, Karl zuckte mit den Schultern.

»Ich habe mich vor Jahren in meine heutige Frau verliebt. Und die schien damals auch Lichtjahre von mir entfernt zu sein. Ich wollte davonlaufen. Denn ich dachte, diese tolle Frau hätte etwas deutlich Besseres verdient als mich. Ich kenne das Gefühl also gut.«

Karl schaute Marc erstaunt an. Dieser coole Typ, der Brain, hatte einmal genauso davonlaufen wollen wie er?

Marc fuhr fort: »Damals fing ich an, mich mit Selbstbewusstsein zu beschäftigen. Ich wusste nicht, dass ich später einen Beruf daraus machen würde. Ich habe es anfangs nur für mich selbst getan. Ich wollte einfach mit dieser wunderbaren Frau zusammen sein können, ohne mich total unterlegen zu fühlen. Es war hart, aber es ist mir gelungen.«

»Wie hast du das gemacht?«, wollte Karl wissen.

»Mir sind zwei Dinge bewusst geworden«, erklärte Marc. »Ich habe verstanden*: Es sind immer nur unsere Angst und unsere Zweifel in Bezug auf uns und unsere Fähigkeiten, die uns zurückhalten.* Wir glauben, nicht liebenswert zu sein, also laufen wir vor dem Menschen davon, mit dem wir glücklich werden könnten. Und wir wissen nicht, wer wir sind und was wir können – dadurch haben wir meist nicht den Beruf, in dem wir sehr gut sein könnten und den wir lieben würden.«

Karl schaute ihn verständnislos an.

Marc sagte: »Das Erste, was ich gelernt habe, ist: *Wir können den Weg der Angst wählen, dann laufen wir vor unserem Glück weg. Oder den Weg der Liebe, dann gehen wir auf unser Glück zu.*«

»Dann ist Anna immer noch Lichtjahre von mir entfernt«, wandte Karl ein.

Marc entgegnete: »Dann werde zu dem Mann, den Anna verdient. Eine bessere Motivation kannst du vielleicht gar nicht mehr bekommen. Das ist übrigens das Zweite, was mir damals bewusst geworden ist: Weißt du, *weglaufen ist der einfachere Weg.* Es ist bequem. Du musst dich nicht anstrengen. Du kannst aber auch sagen: Eine Traumfrau hat einen Traummann verdient. Und ich will dieser Traummann werden – für meine Traumfrau. Das ist anstrengender, aber es ist der schönere Weg.«

Marc lächelte versonnen und sagte dann: »Meine Frau hat mich damals ganz anders gesehen als ich mich selbst. Die Version, wie sie mich gesehen hat, hat mir besser gefallen. Also habe ich gelernt, mich auch so zu sehen. Das war die beste Entscheidung meines Lebens. Jetzt sind wir seit über zwanzig Jahren glücklich verheiratet.«

Er gab Karl zwei Bordkarten: »Ihr sitzt übrigens zusammen.« Er klopfte Karl aufmunternd gegen die Schulter.

• • •

Später im Flieger erzählte Anna Karl, wie sie zu dem Job bei Marc gekommen war: Sie hatte in dem Restaurant gekellnert, in dem Marc öfter aß. Eines Tages war wenig los, und Marc fragte sie nach ihrer Meinung zu einer Werbung, die er getextet hatte. Sie fand das ganz gut. Aber sie war der Meinung, dass man das besser schreiben könnte.

Und am Nachmittag entwarf sie es dann neu. Am nächsten Mittag gab sie Marc ihre Version. Der war so begeistert, dass er ihr sofort ein Jobangebot machte.

»Weißt du, das war schon lustig«, erklärte Anna. »Solange ich denken kann, habe ich gute Werbung gesammelt. Werbeclips aus dem Fernsehen. Aber auch jede Form von Printwerbung. Das hat mich immer schon fasziniert. Ich habe aber nie gedacht, dass ich einmal selbst Werbung machen würde. Und erst recht habe ich nicht gedacht, dass ich ein Talent dafür habe. Aber Marc ist unfassbar gut darin, anderen Menschen zu helfen, sich ihrer selbst bewusst zu werden: ›Wer bin ich, und was kann ich?‹ Ich habe mich regelrecht verwandelt.«

Karl schaute sie zweifelnd an. Anna spürte das und sagte: »Du hättest mich mal früher erleben müssen.«

Sie redeten während des ganzen Flugs miteinander. Mal waren sie ernst, dann alberten sie herum. Sie lachten viel. Irgendwann sagte Anna, dass sie seit einiger Zeit fest wisse, sie könne mit allem fertigwerden. Und wenn sie etwas noch nicht könne, dann werde sie es eben lernen. »Ich kann immer eine Lösung finden«, behauptete sie. Und Karl spürte: Das stimmte.

Sie sagte, sie habe ihr Selbstbewusstsein trainiert wie einen Muskel: Wenn wir einen Muskel trainieren, machen wir Kraft- und Ausdauertraining und sorgen dafür, dass der Muskel geschmeidiger wird. Kraft, Ausdauer und Dehnen.

Genauso sei es mit unserem Selbstbewusstsein. Wir könnten unser Gehirn so trainieren, dass wir wissen: Ich kann das. Ich bin liebenswert. Ich weiß, wer ich bin. Ich habe dann mentale Kraft, Ausdauer und Flexibilität.
Karl hätte sich endlos weiter unterhalten können mit ihr.

• • •

Nach der Landung fuhren sie ins Hotel, in dem das Interview stattfinden sollte. Marc hatte ihnen mitgeteilt, dass sie einen sehr weisen Menschen treffen und das Gespräch mit ihm filmen würden: Don José, ein alter Tolteke, der in Mexiko sehr verehrt wurde.

Karl und die beiden Männer bauten die Kameras und die Beleuchtung auf.

Don José kam mit einem kleinen Gefolge und grüßte zuerst Marc sehr herzlich: »Mein Freund, was für ein wunderschönes Geschenk, dass du mich heute besuchst. Wie schön ist doch das Leben, dass es solche Menschen wie dich gibt.«

Dann begrüßte er auch die anderen. Karl musterte ihn aufmerksam: Er schien alt zu sein, aber es war unmöglich, sein Alter zu schätzen. Er wirkte einfach weise. Vielleicht lag es an seinen Augen.

Marc und Don José nahmen Platz auf zwei bereitgestellten Stühlen. Marc moderierte das Gespräch an: »*Was wir über uns selbst denken, wird für uns wahr.* Unser Leben wird so schön und erfüllend, wie unser Selbstbewusstsein das zulässt. Aber die meisten Menschen haben zu wenig Selbstbewusstsein. Warum ist das so? Warum ist etwas so Wichtiges gleichzeitig so selten? Es gibt viele Erklärungen, warum so wenige Menschen selbstbewusst sind. Philosophen haben es versucht zu erklären, Psychologen, Priester aller Glaubensrichtungen, Anthropologen, Philosophen, Soziologen … Eine der beeindruckendsten Erklärungen, die ich kenne, haben die Tolteken gefunden. Ich freue mich sehr, dass ich heute mit dem weisen Heiler der Tolteken sprechen darf, Don José. Lieber Don José, herzlichen Dank für deine Bereitschaft zu diesem Gespräch.«

Don José antwortete:»Die Freude ist ganz auf meiner Seite. Ich finde deine Arbeit so unfassbar wichtig. Du erklärst durch neue wissenschaftliche Studien, wie Selbstbewusstsein funktioniert. Und ich kann etwas dazu beitragen, die Frage zu beantworten, die du eben gestellt hast: Warum haben so wenig Menschen ein gutes Selbstbewusstsein?

Ich erzähle dazu gerne die Geschichte von Adam und Eva im Paradies. Viele Menschen kennen diese Geschichte, aber sie verstehen sie nicht. Nach der Version der Tolteken ist das nicht nur eine Geschichte, die vor langer Zeit gespielt hat, sondern *es ist die Geschichte über dich und mich.*

Ursprünglich lebten wir im *Paradies*. Das ist kein bestimmter Ort. Es ist vielmehr *der Zustand, in dem wir uns selbst und die Welt so sehen, wie sie wirklich ist.* Die Geschichte handelt von zwei Bäumen. Der erste Baum, der Baum der Erkenntnis – von dem sollten Adam und Eva nicht essen. Sie sollten nicht einmal in die Nähe dieses Baums gehen. Und würden sie es doch tun, würde Gott sie aus dem Paradies ausstoßen.

Warum wollte Gott nicht, dass sie zu diesem Baum gehen? Nun, in seinen Ästen lebte eine große, sehr giftige Schlange. Und diese Schlange erzählte Lügen. Sie verbreitete eine Botschaft der Angst. Ihr Gift war die Angst. Wer also von diesem Baum essen wollte, der würde die Stimme der Schlange hören. Und dann würde er unweigerlich große Angst und Zweifel bekommen.

Adam und Eva wussten das nicht. Sie waren unschuldig, und sie vertrauten jedem. Sie gingen trotz des Verbots zu dem Baum. Die Schlange fing an, eine Geschichte zu erzählen ... Und wir hörten zu. Wir glaubten die Geschichte. Die Geschichte über uns.«

Don José machte eine kurze Pause.

Marc fragte: »Was war das für eine Geschichte? Und warum sagst du, dass dies die Geschichte von jedem Einzelnen von uns ist?«

Don José erklärte: »Die meisten Menschen kennen diese Geschichte, zum Beispiel aus der Bibel. Adam und Eva aßen von der Frucht. Und plötzlich änderte sich alles. Sie hatten das Paradies verloren. Wir Tolteken sagen: *Die zerstörerische Macht der Geschichte bewirkte inneren Zweifel und Angst.*

Adam und Eva symbolisieren uns. Unsere eigene Geschichte: Wir glaubten plötzlich nicht mehr an eine gute Welt. Und wir glaubten nicht mehr an uns. Der Zweifel hatte uns vergiftet.

Wir haben uns entschieden, unsere Wahrheit nicht mehr zu sehen. Diese Wahrheit ist: *Wir sind gut, so wie wir sind.* Stattdessen haben wir Lügen über uns geglaubt. Wir haben falschen Geschichten über uns geglaubt. Wir haben gesündigt. Sünde bedeutet, dass wir uns gegen etwas wenden; gegen die Wahrheit in uns. Als wir das taten, haben wir uns selbst nicht mehr vertraut. Unser Selbstbewusstsein war weg.

Die Schlange hat uns zwei Lügen erzählt. *Die erste Lüge: Du bist nicht gut genug.* Du bist nicht perfekt genug. Du bist nicht liebenswert genug.

Dadurch wissen die meisten Menschen nicht mehr, wer sie sind. Denn wir können nicht sein, wer wir *nicht* sind. Wenn wir anfangen zu glauben, was wir alles nicht sind, dann haben wir keine Ahnung, wer wir sind. Wir wissen dann nicht mehr, warum wir auf dieser Welt sind.

Die zweite Lüge ist genauso dramatisch: *Du kannst nicht.* Kleine Kinder glauben, dass sie alles können. Sie befinden sich im Paradies. Aber dann erfahren sie, dass sie nicht so sind, wie sie sein sollten. Dass sie nicht gut sind, wie sie sind. Und so werden diese beiden Geschichten zu unserer Realität: Wir sind ungenügend. Und wir können das und das nicht.«

Marc sagte: »Du hast diese Geschichten einfach zusammengefasst.«

Don José bestätigte*:* »Ja, die Geschichte heißt kurz: Du bist schlecht. Du hast wenig Wert. Du kannst sehr wenig, und das wenige kannst du nicht richtig. Diese Geschichte wurde zu unserer neuen Identität. Zu einer neuen Wahrheit über die Welt und über uns. Die Bibel schildert, dass Adam und Eva sich plötzlich nackt fühlten, nachdem sie von der Frucht der Lüge gegessen hatten. Sie versteckten sich vor Gott, weil sie sich schuldig fühlten, schlecht und unwürdig. Sie hatten also das Paradies verlassen.«

»Was bedeutet das für unser Selbstbewusstsein?«, fragte Marc.

Don José erläuterte: »*Sie hatten ihr Selbstbewusstsein verloren. Sie wussten nicht mehr, wer sie sind, was sie können, wie wertvoll sie sind.*

Sie wussten auch nicht mehr, wie die Welt ist. Denn *wir erleben die Welt als eine Reflexion von dem Bild, das wir von uns selbst haben.* Also haben wir auch unser Vertrauen in die Welt verloren.«

»Das klingt ziemlich hoffnungslos«, warf Marc ein.

Don José lächelte: »Nein, denn die Geschichte ist nicht abgeschlossen. Es gibt eine gute und eine schlechte Nachricht. Wir haben unser Selbstbewusstsein verloren, das ist die schlechte Nachricht.

Die gute Nachricht: Wir bestimmen, wie diese Geschichte weitergeht. Es gibt nämlich zwei Bäume: Der erste Baum ist der der Lügen. Aber wir müssen diesen Lügen nicht glauben. Wir müssen der Stimme nicht einmal zuhören. Wir können einer anderen Stimme zuhören, der des zweiten Baums. Das ist der Baum des Lebens. Wenn wir seine Früchte essen und seiner Stimme zuhören, fühlen wir uns sicher. Dann empfinden wir immer mehr innere Gewissheit und Stärke. Dann können unsere Träume niemals sterben.«

»Wie fasst du die Botschaft vom Baum des Lebens zusammen?«, fragte Marc.

»Der zweite Baum sagt uns: *Ich bin genug. Ich kann das*«, erwiderte Don José.

»Kannst du uns bitte erklären, was diese alte Geschichte für uns bedeutet?«, bat Marc.

Don José antwortete lächelnd: »*Wir können unsere Geschichte neu schreiben*. Wir können unsere Träume leben, wenn wir verändern, was wir über uns selbst denken und glauben. Wir können jeden Tag unsere Geschichte neu schreiben. Jeden Tag.

Das ist der einzige Weg, um glücklich zu sein: Wir schaffen eine Geschichte über uns, die uns glücklich macht. Wir verändern, was wir über uns selbst glauben und denken.

Wir können jeden Tag zum Baum des Lebens gehen und seine Früchte essen. Dann fühlen wir uns sicher. Wir haben dann innere Stärke und Gewissheit. So verändern wir, was wir über uns selbst denken und glauben. Mit anderen Worten: Wenn wir aufhören, uns selbst zu verurteilen, dann sind wir sofort wieder im Paradies. Wenn wir aufhören zu sagen: So solltest du sein, so bist du aber nicht.«

»Welche Frage sollten wir uns alle stellen?«, wollte Marc nun wissen.

Don José musste nicht lange nachdenken: »*Bist du glücklich mit deiner Geschichte über dich?* Wenn nicht, dann ändere die Geschichte deines Lebens.«

• • •

Karl war sich nicht sicher, ob er alles verstanden hatte, was der weise Tolteke erläutert hatte. Wer oder was waren diese beiden Bäume? Er spürte instinktiv, dass er sich viel besser fühlte, wenn er mit Marc und Anna zusammen war. Er hatte dann immer den Eindruck: »Die beiden glauben: Ich kann das.« Und etwas davon färbte ab. Es tat ihm einfach gut.

Wenn er mit anderen Menschen redete, bekam er ein anderes Gefühl. Ob das seine Eltern waren, einige seiner Freunde, die Menschen, mit denen er beim Film zusammenarbeitete … Er spürte dann oft: »Das kann ich *nicht*. Ich bin *nicht* gut genug.«

Meinte der Tolteke das, wenn er von den beiden Bäumen sprach? Er beschloss, Marc zu fragen.

• • •

Aber erst einmal aßen sie alle zusammen zu Abend. Marc liebte Austern, und so bestellte er einen riesigen Teller »Ostiones Rockefeller«. Niemand sonst schien seine Vorliebe zu teilen, obwohl er die Austern allen anbot.

»So hast du sie alle für dich allein«, schmunzelte Karl. Er

bevorzugte ein gutes Steak. Anna lebte vegan. Die anderen aßen Pasta. Es war köstlich. Das Essen und die fröhlichen Gespräche zogen sich einige Stunden hin.

Später gingen Karl und Marc durch den herrlichen Hotelpark. Der Weg war gut ausgeleuchtet, und Marc lief zwei, drei Schritte vor Karl her. Jeder war in seine Gedanken versunken.

Plötzlich machte Karl eine gruselige Entdeckung. Er meinte, Marcs Herz auf dessen Rücken klopfen zu sehen. Er konnte deutlich erkennen, wie Marcs Sakko sich ziemlich kräftig bewegte. »Das kann doch nicht sein«, dachte er. Aber er machte Marc darauf aufmerksam.

»Ich fühle mich gar nicht gut«, murmelte Marc. »Das ist ganz plötzlich gekommen. Ich setze mich besser mal ...« Schon ließ er sich auf eine Bank fallen, und Karl setzte sich zu ihm.

Als Karl Marcs schweißbedecktes Gesicht sah, erschrak er. Marcs Kopf glänzte fiebrig rot. Karl legte behutsam seine Hand auf Marcs Stirn: Sie war glühend heiß. Dann ergriff er Marcs Hände: Die waren kraftlos und eiskalt. Irgendetwas war hier überhaupt nicht in Ordnung. Karl überlegte kurz, was er tun könnte. Er hatte beim Erste-Hilfe-Kurs nicht gut aufgepasst, was er jetzt bereute. Marc saß mit geschlossenen Augen erschöpft da.

Karl legte nun seine Hand auf Marcs Brustkorb. Er spürte das Herz deutlich. Es raste wie verrückt – mit einer Stärke, die er niemals für möglich gehalten hätte. Auf einmal wurde Karl bewusst: Marc liegt im Sterben. Er hatte keine Ahnung, wie er das wissen konnte. Aber er war sich absolut sicher. Erstaunlicherweise wurde Karl sehr ruhig. Er dachte plötzlich an die Austern. Die mussten es sein. Sie mussten raus aus Marcs Magen.

Karl schob zwei Finger und seine Hand, soweit er konnte,

tief in Marcs Mund. Sein Plan ging auf. Marc beugte sich vornüber und übergab sich vehement. Karl versuchte ihn dabei zu stützen, so gut es ging. Marc schüttelte sich und übergab sich immer wieder. Dann brach er zusammen, konnte sich gar nicht mehr im Sitzen halten.

Karl hob Marcs Beine auf die Bank und lagerte ihn seitlich. Er riss sich seine Jacke herunter und schob sie unter Marcs Kopf. Dann lief er, so schnell er konnte, in die Lobby, um Hilfe zu holen. Ein Hotelmanager versprach, den Hotelarzt zu suchen.

»Das reicht nicht«, schrie Karl. »Wir brauchen sofort einen Krankenwagen, es geht ihm sehr schlecht.«

Anna hörte Karl und rief ihm zu: »Ich kümmere mich darum.«

Karl lief zurück zu Marc, der sich nicht bewegt hatte. Aber er sah etwas ruhiger aus und murmelte schwach. Karl beugte sich zu ihm hinunter und hörte nun: »Alles ist gut.«

»Jetzt weiß ich definitiv, dass du spinnst«, sagte Karl leise. Er musste lächeln. Marc ging es richtig schlecht, und doch versuchte er, Karl Mut zu machen. »Was ist das nur für ein Mensch?«, fragte sich Karl. »Wo nimmt er diese Kraft her?«

Der Krankenwagen kam erstaunlich schnell. Später erzählte Anna, wie sie das geschafft hatte. Das war in Mexiko-Stadt alles andere als selbstverständlich. Sie hatte ein recht hohes »Trinkgeld« in Aussicht gestellt.

Der Arzt untersuchte Marc sofort. Jeder Handgriff saß. Bevor eine Minute verstrichen war, erklärte er: »Veneno.« Gift. Dann legte er Marc geschickt einen Zugang für eine Infusion und hing ihn an einen Tropf. Immer wieder kontrollierte er Marcs Puls. Der wurde immer schneller. »Nada de bueno«, murmelte der Arzt. »Sein Herz wird mit dem Gift nicht fertig. Ich muss es stärken. Ich kann nicht auf die Wirkung des

Tropfs warten.« Er nahm eine Spritze mit einer sehr langen Nadel, suchte eine Ader in Marcs Hals, desinfizierte die Stelle, stach zu und spritzte das Mittel. »Das stärkt sein Herz.«

Parallel gab er den Pflegern Anweisungen: Sie packten Marcs Körper, der immer kälter wurde, warm ein. Er erklärte Karl: »Wenn die Kälte sein Herz erreicht, ist er tot. Wir müssen sie aufhalten. Sprich mit ihm, damit er nicht ohnmächtig wird.«

Karl hatte Tränen in den Augen, aber er war weiterhin absolut klar. Er wusste nicht, was er sagen sollte. Also murmelte er Marc ins Ohr: »Alles ist gut.«

»Sag ich doch«, flüsterte Marc kaum hörbar zurück. Karl hätte schwören können, dass er versuchte zu lächeln.

Dann begann die Spritze zu wirken. Zuerst nahm Karl wahr, dass das Herz nicht mehr so kräftig schlug. Dann sah er es fast gar nicht mehr schlagen. Der Arzt streckte einen Daumen nach oben: »Va a vivir.« Er kommt durch.

Der Puls beruhigte sich. »Jetzt kann er schlafen«, sagte der Arzt. Marc hatte die kritische Phase überstanden. Zur Sicherheit brachten sie ihn für die Nacht ins Krankenhaus.

• • •

Als es vorbei war, fing Karl leicht an zu zittern. Er setzte sich auf ein Sofa in der Lobby. Jetzt erst bemerkte er seine Anspannung. Unvermittelt begann er zu weinen. Eine ganze Zeit lang flossen ihm Tränen über die Wangen. Er wusste nicht, warum er weinte, aber er schämte sich nicht. Er spürte, dass sich etwas in ihm veränderte.

Anna betrachtete ihn aufmerksam. Sie legte ihre Hand auf seinen Arm und streichelte ihn leicht. Lange saß sie nur neben ihm und sagte nichts.

Später meinte sie: »Tränen sind wichtige Zeichen. Manchmal hat das Herz keine andere Möglichkeit, um uns mitzuteilen, dass es etwas verstanden hat.«

Karl nickte stumm. Ja. Er hatte etwas Wichtiges verstanden. Aber er konnte es noch nicht in Worte fassen.

Anna nahm Karl behutsam in ihren Arm. Eine ganze Weile saßen sie so auf dem Sofa. Und schließlich drückte Anna Karl einen zärtlichen Kuss auf die Wange.

• • •

Am nächsten Tag erfuhr das Team, was passiert war. Es war keine normale Lebensmittelvergiftung gewesen. Vielmehr hatte eine Küchenhilfe ein starkes Insektengift über die Muscheln gestreut. Ohne Absicht, sie hatte gedacht, es sei Mehl.

Das wäre wohl niemals herausgekommen, hätte Don José nicht einen Verwandten gehabt, der ebenfalls in der Küche arbeitete.

Unvorstellbar, dass so etwas in einem Weltklassehotel passieren konnte, empörten sich alle. Aber es überwog die große Erleichterung, dass Marc tief geschlafen hatte und es ihm deutlich besser ging.

Karl hatte Marc das Leben gerettet. Wäre er bei seinem Zusammenbruch allein gewesen, wäre wahrscheinlich jede Hilfe zu spät gekommen. Dass Karl Marc hatte erbrechen lassen, war sehr wichtig gewesen. So konnte ein großer Teil des Giftes den Körper schnell wieder verlassen. Hinzu kam das Glück, dass ein Arzt in Bereitschaft war, der sofort die richtigen Maßnahmen eingeleitet hatte.

• • •

Sie mussten ihren Rückflug um zwei Tage verschieben. Marc brauchte diese Zeit, um sich vollständig zu erholen.

Karls Handy meldete sich beim Frühstück. Es konnte doch wohl nicht sein … Aber tatsächlich schickte ihm Marc schon wieder eine WhatsApp.

> Ich vertraue dem Leben und meinen Freunden.

Da wurde Karl bewusst, dass Marc sein Freund geworden war. Er fühlte sich plötzlich sehr reich. »Ja«, dachte er: »Marc vertraut dem Leben wirklich. Dieses Vertrauen hätte ich auch gerne!«

• • •

Später hatte er die Gelegenheit, mit Don José zu sprechen, nachdem er Marc besucht hatte. Der Heiler wusste schon, wie Karl reagiert hatte. Und jetzt lobte er ihn überschwänglich: »Du hast genau das Richtige gemacht. Das kann nur jemand tun, der in Kontakt ist mit seiner inneren Weisheit.«

Karl war das unangenehm. Er versuchte das Lob abzuwehren.

»*Es ist ein Zeichen von Reife, ein Lob annehmen zu können*«, erklärte Don José weise lächelnd.

»Dann bin ich wohl ziemlich unreif«, erkannte Karl. Er brachte das Gespräch auf die Geschichte mit den beiden Bäumen. Die hatte ihn tief beeindruckt, und er wollte von sich ablenken: »Ich finde es so schön, wie du die Geschichte aus dem Paradies interpretierst. Kein strafender Gott, sondern ein Mensch mit freiem Willen. *Wir haben einfach die Wahl zwischen Wahrheit und Lüge; zwischen Selbstbewusstsein und Angst.*«

Don José nickte zustimmend: »Ich freue mich, dass du diese wichtige Wahrheit verstanden hast.«

»Aber ich bin mir nicht ganz sicher, ob ich verstanden habe, wofür die beiden Bäume stehen«, fuhr Karl fort.

Don José erklärte: »*Nach jeder Begegnung mit einem Menschen bist du entweder etwas stärker oder etwas schwächer. Du glaubst ein bisschen mehr an dich oder etwas weniger. Du siehst die Welt etwas schöner oder etwas weniger schön.* Als du ein Kind warst, konntest du dir nicht aussuchen, welcher Baum dich beeinflusste. Du hattest keine freie Wahl. Aber jetzt bist du erwachsen. Und *erwachsen sein bedeutet, die Wahl zu haben.* Die meisten Menschen wollen Kinder bleiben. Sie lehnen die Verantwortung der Wahl ab. Sie reden sich selbst ein, auch heute keine Wahl zu haben. Das stimmt aber nicht. Du kannst deine Geschichte neu erzählen. Du kannst dir sagen: Ich bin gut, so wie ich bin. Ich bin wertvoll. Voller Wert für die Welt. Ich kann mein Leben meistern. Ich kann das.«

»Aber ich kann das tief in mir nicht glauben«, erwiderte Karl. »Obwohl ich es gerne glauben würde. Wirklich«, ergänzte er, »ich würde es von ganzem Herzen gerne glauben. Ich hätte gerne diese Stärke, die Marc hat. Ich meine, der kämpft mit dem Tod und sagt: Alles ist gut.«

Don José entgegnete: »Ich kenne niemanden, der diese Stärke von Anfang an hatte. Auch ich nicht. Und auch nicht Marc. Wir mussten alle zuerst aufhören, den Lügen zu glauben. Und gleichzeitig mussten wir auf die Stimme des anderen Baums achten, die sagt: Du bist genug. Du kannst das.«

Karl hatte noch ein anderes Anliegen: »Marc hat mir erklärt, dass Selbstbewusstsein drei Aspekte hat. **Selbstvertrauen,** ich weiß, ich kann mit allem fertig werden. **Selbstachtung,** ich finde mich gut und liebenswert, und mein

Selbstbild, ich weiß, wer ich bin, und ich bin dankbar dafür. Seitdem frage ich mich vor allem: Wer bin ich eigentlich? Und ich kann die Frage nicht beantworten.«

»*Deine spirituelle Entwicklung beginnt in dem Moment, in dem du dich fragst: Wer bin ich?*«, erklärte Don José.

Karl schaute ihn verständnislos an.

»*Deine spirituelle Entwicklung beginnt also mit dieser FRAGE. Nicht mit der ANTWORT.* Die Antwort kommt nach und nach automatisch. Wichtig ist, dass du überhaupt offen bist für die Frage.«

Karl verstand auf einmal: Es war gut, dass er sich diese Frage stellte. Er hatte gedacht, er müsste sofort die Antwort finden. Und weil er keine Antwort hatte, fühlte er sich schlecht. Dabei hätte er sich gut fühlen können, allein, weil er sich diese Frage stellte.

Don José machte ihm einen Vorschlag: »Ich habe selbst lange meine Antwort nicht gefunden. Und dann habe ich die Frage umformuliert. Ich habe mich gefragt: WER WILL ICH SEIN? Auf einmal habe ich angefangen, mich damit auseinanderzusetzen, was mir wirklich wichtig ist. Was ich bewirken will. Was ich nicht will. Was ich dagegen schon will. Und weißt du, was mir anfangs am meisten geholfen hat? Mir darüber klar zu werden, was ich **nicht** will. Das war am leichtesten. Versuche es einmal damit.«

Karl erzählte ihm von seinem Jurastudium. Und dass er das eigentlich gar nicht wollte. Während er redete, wurde ihm plötzlich bewusst: G*anz klar, ich will das **nicht**.* Auf einmal bekam er diese Gewissheit: »Ich werde mein Studium abbrechen.«

Diese Gedanken teilte er Don José mit, und der sagte: »Du hast bisher einfach auf andere gehört. Auf deine Eltern, deine Freunde. Und du hast gedacht, das sei deine Geschichte.

Aber du hattest ein Fremdbild von dir. Kein Selbstbild. Dein Bild von dir kam von anderen. Nicht aus deinem Inneren. Gleichzeitig hast du dich unglücklich gefühlt.

Jetzt weißt du: Du kannst dir eine andere Geschichte erzählen. Die, die dir entspricht. Du kannst aus deinem Selbstbild deine Geschichte machen. Du wirst deine neue Geschichte finden. Dazu kannst du dir wichtige Fragen stellen: Was willst du können? Was willst du sein? Was ist dein Ziel? Was willst du bewirken? Was willst du für andere sein?«

Karl erwiderte: »Vor allem will ich der Traummann für Anna sein.«

»Dann erkenne, dass du dieser Traummann bereits bist«, erklärte Don José. »*Alles, was du sein willst, bist du bereits.* Du musst dir nur darüber klar werden. Uns wird niemals ein Wunsch gegeben, ohne dass wir die Fähigkeiten in uns hätten, die dazu nötig sind. Das wäre eine Verschwendung der Natur. Es wird dir gelingen, das zu erkennen, wenn du dich weiter fragst: Wer bin ich? Wer will ich sein? Dann wirst du immer mehr verstehen: Alles, was du sein willst, bist du bereits.

Es ist nicht richtig, was wir von uns wahrnehmen. Das ist nur eine Reflexion der Lügen, die uns der erste Baum erzählt. *Es wird Zeit, dass du dir selbst sagst, wie gut du wirklich bist.*«

»Das würde ich ja gerne«, sagte Karl verzweifelt. »Aber ich weiß nicht, wie ich das machen kann.«

»Willst du das wirklich?«, hakte Don José nach.

»Absolut.«

Don José nickte zufrieden: »Menschen, die selbstbewusst sind und die um ihren Wert wissen, können sagen: Ich bin liebenswert. Ich liebe mich selbst. Ich bin stolz auf mich. Willst du das auch sagen können?«

»Ja, das würde ich gerne.«

»*Dann sag es*«, erklärte Don José.

Karl verstand ihn nicht: »Ich sagte doch, dass ich das gerne denken würde.«

»Natürlich«, antwortete Don José. »Aber um das denken zu können, musst du es dir zuerst sagen. Stell dich einfach vor den Spiegel und sage: Ich liebe dich, Karl. Ich bin stolz auf dich. Sage ruhig, worauf du gerade stolz bist.«

»Was soll das bringen?«, fragte Karl. »Dadurch glaube ich das ja nicht.«

»Du ersetzt dadurch negative Selbstgespräche, die deine Gedanken dominieren, mit einer positiven, neuen Geschichte über dich«, erklärte Don José geduldig. »Wenn du das mindestens einen Monat lang machst, wirst du erleben, dass du deine Gedanken über dich verändert hast. Du fängst an zu glauben, was du dir selbst gesagt hast.«

»So einfach kann das doch nicht sein«, zweifelte Karl.

»Es ist leicht zu verstehen, aber es ist nicht ganz so einfach, das wirklich jeden Tag zu machen. Willst du es sofort einmal tun?«

»Ich weiß nicht ... Na ja, warum nicht.« Don José schien sich ziemlich sicher zu sein.

»Gut, dann stell dich vor den Spiegel dort an der Wand. Schaue dir einige Sekunden selbst tief in die Augen. Nenne zuerst deinen Namen. Dann wertschätze dich selbst, berichte etwas Positives, das du getan hast. Etwas, was dir gelungen ist. Oder ein kluger Gedanke, den du hattest. Dann sage: ›Ich liebe dich.‹ Nenne wieder deinen Namen und fahre fort: ›Du bist ein wundervoller Mensch.‹ Atme einmal tief ein und aus und sage dann zum Schluss: ›Danke schön.‹«

Karl zögerte.

»Sag es«, ermutigte ihn Don José.

»Das würde sich komisch anfühlen.«

»Tu es einfach«, insistierte Don José.

Karl betrachtete sein Gesicht im Spiegel. Dann nahm er seinen Mut zusammen und sagte: »Karl, du hast gestern mit Marc super reagiert. Das hast du richtig gut gemacht. Ich liebe dich, Karl. Es ist schön, dass es dich gibt. Danke.«

Er war überrascht, es fühlte sich zwar merkwürdig an, aber gleichzeitig auch sehr gut. Aber was ihn wirklich erstaunte: Irgendwie hatte er ein bisschen das Gefühl, dass es stimmte, was er da sagte. Er hatte ja wirklich Marc schnell und gut geholfen.

Karl bedankte sich bei Don José und versprach, diese Übung mindestens einen Monat lang jeden Morgen zu machen.

• • •

Die nächsten beiden Tage waren wie ein Traum. Marc ging es immer besser. Und während er sich weiter erholte, verbrachten Anna und Karl die ganze Zeit miteinander. Sie besuchten die Tempelruinen in der Nähe von Mexiko-Stadt. Sie genossen das schöne Wetter. Und sie genossen ihr Zusammensein.

Aber Karl hatte immer noch das Gefühl, nicht gut genug für Anna zu sein. Anna bemerkte natürlich seine Zurückhaltung. Manchmal vergaß er sie, dann hatten sie eine tolle Zeit zusammen. Und dann wieder zog er sich etwas zurück.

Am Abend des zweiten Tages entschied sich Anna, ihn direkt zu fragen: »Magst du mich?«

Karl druckste herum. Dann versuchte er ihr zu erklären, was er von Don José über sein Selbstbild gelernt hatte. Und schließlich erzählte er ihr von der Spiegel-Übung.

»Die Spiegel-Übung mache ich jetzt seit zwei Jahren jeden

Morgen«, sagte Anna ernst. »Marc hat sie mir beigebracht. Sie hat mir mega geholfen, mich ganz anders zu sehen als vorher. Und sie hat mir geholfen, mich zu verändern.« Dann schlug sie vor: »Lass uns das einmal gemeinsam machen. Ich fange an.«

Sie stellte sich vor Karl und schaute ihm tief in die Augen. Dann sagte sie: »Karl, ich bin sehr glücklich, wenn ich bei dir bin. Ich sehe sehr viel Wunderschönes in dir. Ich liebe dich, Karl. Es ist so schön, dass es dich gibt.«

Karl stammelte: »Nein, du musst natürlich deinen Namen ...« Dann verstand er. Er schaute ihr eine ganze Weile tief in die Augen, dann sagte er, ohne etwas dagegen machen zu können: »Und ich liebe dich, Anna.« Das hatte er bisher nicht einmal zu denken gewagt. Aber er wusste, es stimmte. Und es fühlte sich unfassbar gut an.

4 KARLS FAMILIE

Es war merkwürdig. Je mehr Karl über Selbstbewusstsein erfuhr, umso mehr Fragen hatte er. Und wem konnte er diese Fragen sonst stellen als Marc? Auf dem Rückflug führte er ein langes Gespräch mit ihm.

»Wie konntest du sagen, alles ist gut, obwohl du mit dem Tod gerungen hast?«, wollte Karl wissen.

Marc dachte einen Moment nach: »Es war wirklich alles gut!«

Karl schaute ihn ungläubig an.

Marc fuhr fort: »Mir ging durch den Kopf: Ich habe gut gelebt. Ich habe tief geliebt und sehr viel gelernt. Ich habe etwas bewirkt, und für einige Menschen war das sehr wichtig. Es war für mich in Ordnung, wenn ich hätte sterben müssen. Das hat mir eine tiefe Ruhe gegeben. Aber ich freue mich, dass ich lebe«, ergänzte er mit einem Zwinkern.

Dann fummelte er an seinem Handy herum. Einige Sekunden später bekam Karl eine WhatsApp.

> Unsere Freundschaften spiegeln unseren Selbstwert und unser Selbstbewusstsein.

Neugierig schaute Karl Marc von der Seite an. Der sagte: »Ich habe mich noch gar nicht bei dir dafür bedankt, dass du mir das Leben gerettet hast.«

»Ich freue mich, dass ich etwas für dich tun konnte«, sagte Karl.

»Weißt du noch, was ich zu dir gesagt habe, als du mit deinem Auto auf meines aufgefahren bist?«, fragte Marc.

Karl zuckte mit den Schultern.

»Ich habe gesagt: Neue Bekanntschaft, neue Chance. Ich glaube, das hat sich für uns beide bestätigt. Du hast mein Leben gerettet. Und ich helfe dir zu erkennen, wer du wirklich bist.«

»Und wir wollen Anna nicht vergessen«, ergänzte Karl und schaute verliebt an die Decke des Flugzeugs. »Wenn ich gewusst hätte, dass es sie gibt, wäre ich dir viel früher draufgefahren.«

Marc bestellte etwas zu trinken, um mit Karl anzustoßen: »Auf unsere Freundschaft.«

Dann erklärte er: »*Wenn wir uns selbst lieben und akzeptieren, dann ziehen wir gute Freunde magisch an.*«

Das war nur die Einleitung zu Marcs Anliegen. Er sagte: »Ich habe dir zu verdanken, dass ich noch lebe. Ich will jetzt noch mehr für dich tun. Ich möchte dir gern helfen, dein wahres Potenzial zu entdecken. Möchtest du meine Hilfe annehmen?«

»Ich bin ein zu durchschnittlicher Typ, um etwas Besonderes zu sein«, entgegnete Karl, »und du hast schon sehr viel für mich getan.«

Marc sagte ernst: »*Viele der schlimmsten Lügen beginnen mit: Ich bin ... Dahinter steckt: Ich war immer so, und ich werde auch immer so bleiben.* Das stimmt aber nicht. Alle erfolgreichen Menschen wissen: So war ich vielleicht bis heute, aber ab heute kann ich ein anderer sein. Wenn du jedoch sagst: Ich bin zu ..., dann zeigst du damit Grenzen auf, die gar nicht existieren.«

Karl dachte einen Moment nach. Er verstand Marcs Botschaft nicht wirklich. Bis jetzt ... und ab heute? Grenzen? Da konnte schon was dran sein.

Schließlich sagte er: »Ich hab mich entschieden, mein Studium zu schmeißen. Das wird meinen Eltern gar nicht gefallen. Ganz und gar nicht. Das bedeutet, ab heute hab ich ein ernstes Problem mit meinen Eltern. Ich glaube, ich kann deine moralische Unterstützung gut gebrauchen.«

»Was willst du stattdessen tun?«, fragte Marc.

»Ich will Schauspieler werden. Ich hab keine Ahnung, wie ich das anstellen soll, aber das ist das, was ich wirklich will.«

»Die meisten Menschen trauen sich gar nicht, sich so einen Wunsch selbst einzugestehen«, erwiderte Marc anerkennend.

»Das ist ja auch verrückt«, bestätigte Karl.

»Wenn viele Menschen in einer Reihe stehen und einer tritt aus dieser Reihe heraus, dann ist er ver-rückt – weggerückt aus der Reihe. Alle, die etwas Besonderes geschaffen haben, sind anders als die meisten Menschen gewesen, sie haben andere Entscheidungen getroffen, sie sind aus der Uniformität herausgetreten. In diesem Sinne: Willkommen unter uns Verrückten!«

»Genauso kann ich das ja dann meinen Eltern erklären«, flüchtete sich Karl in Galgenhumor. »Ich sage einfach: Ich bin von jetzt an verrückt.«

In den nächsten Stunden gab Marc ihm einige sehr wichtige Tipps für das Gespräch mit seinen Eltern. Er erklärte ihm das Konzept von *Fremdwert* und *Selbstwert*: »Woher weißt du, ob du wertvoll bist? Weil andere dir das sagen? Oder weil du es selbst in dir fühlst? Wenn du möglichst viel dafür tust, um die Anerkennung von anderen zu gewinnen, dann gibst du deine Wirklichkeit auf. Stehe zu deiner Wahrheit.«

Das war Karl zu abstrakt. Er bat Marc, ihm ein Beispiel zu geben.

Marc sagte: »Ich erinnere mich, dass ich in Mexiko ein Bier bestellt habe. Du hast dann auch eins geordert, aber nur ein, zwei kleine Schlucke davon getrunken. Magst du Bier?«

»Überhaupt nicht«, bestätigte Karl Marcs Gefühl.

»Warum hast du dann eins bestellt?«

»Weil du das gemacht hast.«

»Glaubst du, auf diese Weise meine Anerkennung zu gewinnen? Du tust etwas, was du nicht magst und nicht bist. Es mag wie eine Kleinigkeit aussehen, aber du stehst nicht zu deiner Wahrheit. Selbstwert bedeutet: Du spürst, *du bist wertvoll. Du bist gewollt. Du hast einen inneren Wert. Du weißt: Du bist auf dieser Welt, weil du das Leben geschenkt bekommen hast. Und jetzt nutzt du dieses Geschenk, um das zu tun, was dir entspricht. Du tust das, was du am besten kannst und am meisten magst. Das ist deine Chance, diese Welt etwas besser zu machen.*«

Karl dachte lange nach. Von sich aus hätte er niemals angefangen, Jura zu studieren. Er tat es nur für seine Eltern. Natürlich wollte er ihre Anerkennung. Aber vor allem wollte er keinen Stress mit ihnen. Und außerdem hatten sie so viel in ihn investiert.

Nach einer Weile sagte Marc: »Das Wichtigste im Gespräch mit deinen Eltern ist, dass du dich selbst überzeugst. Dass du zu deiner Wahrheit stehst. Dafür ist dieses Gespräch ungemein wichtig. Du kannst dann sehen, wie stark dein Wunsch ist. Das ist eine sehr gute Übung für dich. Willst du auf jeden

Fall Schauspieler werden? Nur dann kannst du deine Eltern überzeugen. Wahrscheinlich nicht gleich sofort, aber mit der Zeit.«

• • •

Kaum war Karl zu Hause, bekam er eine WhatsApp von Marc:

> Es ist okay, ein Leben zu leben, was andere nicht verstehen. Das müssen sie auch nicht. Es ist dein Leben!

»Den Satz kann ich ja meinen Eltern schicken«, dachte Karl. Vielleicht nur mit dem Zusatz: Ich schmeiße mein Studium; von jetzt an werde ich Schauspieler.

Er kündigte seinen Eltern an, sie am nächsten Tag zu besuchen. In der Nacht schlief er schlecht und träumte wirres Zeug: Die alte Frau mit dem grellroten Pullover versuchte, ihn von einem schwarzen Baum wegzuziehen. Der Baum machte ihm Angst. Wie immer konnte er die alte Frau nicht verstehen. Er versuchte dennoch, auf den Baum zu klettern, dabei fiel er hinunter. Zum Glück kam dann Anna, half ihm auf und brachte ihn weg. Was sollten diese Träume nur bedeuten?

Am nächsten Morgen fand er wieder einen neuen Eintrag in dem lila Buch:

> Du darfst niemandem glauben, der dir diese zwei Lügen erzählt: Du bist nicht gut genug. Du kannst das nicht. Und: Du darfst dir selbst diese Lügen nicht erzählen.
> <u>Sei dir bewusst, was du kannst und magst. Das ist das, was du bist.</u> Du bist in Wahrheit, was du kannst und magst. Dir ist das

nur noch nicht hundertprozentig bewusst. Das ist dein wahres Selbst. Werde selbstbewusst, indem du dir darüber bewusst wirst: Du bist gut so, wie du bist.

Denke immer daran: Du bist genug. Du kannst das. Alles ist gut. Wenn du eine gute Meinung über dich hast, dann wird das Beste und Schönste für dich wahr. Denn: Du verdienst ein wundervolles Leben. Wenn du das weißt, dann bist du im Paradies.

Es wird Menschen geben, die dir sagen: Du kannst das nicht. Du bist nicht gut genug. Höre nicht auf sie, denn das ist der Weg der Angst. Wichtig ist nicht, was diese Menschen sagen, wichtig ist, was du dir selbst sagst, nachdem sie es gesagt haben.

Gehe den Weg der Liebe; gehe auf dein Glück zu. Schaffe die Geschichte, die dich glücklich macht.

»Und dieser Weg führt über meine Eltern«, dachte Karl. Gestern, nach dem Gespräch mit Marc, hatte er sich mutig gefühlt. Aber das war vorbei; jetzt fühlte er sich nur klein und erbärmlich: »Wie soll ich ein cooler Mensch werden, wenn ich schon solche Angst habe, mit meinen Eltern zu sprechen? Ich bin zu feige«, sagte er sich.

Dann fiel ihm ein, was Marc über solche Sätze gesagt hatte, die mit »Ich bin zu …« anfingen: dass viele der schlimmsten Lügen so beginnen. »Ich unterstelle damit eine Grenze, die gar nicht existiert.«

Er versuchte anzuwenden, was Marc ihm geraten hatte: »*Bis heute* war ich zu schwach. Aber *ab jetzt* kann ich auch vor meinen Eltern für das einstehen, was mir wichtig ist. Ich werde einen Weg dafür finden … Ganz sicher. Ich kann das … Jetzt muss ich das nur noch glauben.«

Karl versuchte die Spiegel-Übung zu machen. Das hatte er ja versprochen. Ihm war aber gar nicht danach. In Mexiko war alles so einfach gewesen. Und das war nur zwei Tage her.

Am liebsten hätte er gesagt: »Karl, du bist ein erbärmlicher Wicht und Feigling.«

»Das ist nicht gerade der Sinn der Übung«, sagte er sich ironisch. Und auf einmal musste er lächeln. »Ich muss mich ja gar nicht wie ein Held fühlen«, erinnerte er sich. »Ich muss nur so tun.« So hatte er Don José verstanden. Also riss er sich zusammen und machte die Übung. Danach fühlte er sich tatsächlich etwas besser. Aber nur etwas.

»Sie werden mir schon nicht den Kopf abreißen«, versuchte er, sich selbst Mut zuzusprechen, um dann gleich fortzufahren: »Doch, genau das werden sie tun. Sie werden mir den Kopf abreißen.«

»Mist«, schoss es ihm durch den Kopf. »Ich höre gerade wieder auf den falschen Baum.«

Sein Handy meldete den Eingang einer WhatsApp. »Ich komme nicht weiter«, erkannte er. »Ich brauche die Stimme von dem anderen Baum.« Also las er die Nachricht:

> Wenn jemand sagt, das geht nicht ... Denke daran:
> Das sind seine Grenzen, nicht deine.

• • •

Das Gespräch mit seinen Eltern war noch viel schlimmer, als er es befürchtet hatte. Sie überhäuften ihn mit Vorwürfen: Er sei undankbar. Ob er vergessen hätte, dass seine Eltern alles nur für ihn getan hätten?

Er habe jeden Sinn für die Realität verloren. Schauspieler? Er? Lächerlich! Da solle er lieber Lotto spielen. Da sei seine Chance größer. Als Schauspieler habe er definitiv kein Talent. Sie seien schließlich seine Eltern, sie könnten das beurteilen. Als Schauspieler müsse er sich vor allem durchsetzen können. Dazu habe er aber gar nicht das Naturell. Er sei zu weich, zu schwach. Das würde bei einem Anwalt nicht so auffallen. Da könne er entsprechende Schriftsätze verfassen. Aber bei einem Schauspieler würde man das sofort merken. Was, wenn er einmal einen harten Hund spielen müsste? Keine Chance!

Er könne doch nicht einfach alles wegwerfen. Seine Sicherheit aufgeben, seine sichere Zukunft. Nur weil er einen fragwürdigen Guru kennengelernt habe. Er brauche einen Abschluss in der Tasche.

Karl versuchte es mit Humor: »Was für eine Tasche soll das denn sein?« Der Scherz kam gar nicht gut an.

Das Schlimmste waren nicht die Beleidigungen. Nein, viel mehr traf ihn, dass vieles möglicherweise wahr war, was sie sagten. »Ich bin ja zu weich.«

»Ich bin zu … schon wieder.« Er flüchtete auf die Toilette. Dort schaute er sehnsüchtig auf sein Handy. Nichts. Also las er die alten Nachrichten:

> Es ist okay, ein Leben zu leben, was andere nicht verstehen. Das müssen sie auch nicht. Es ist dein Leben!

> Wenn jemand sagt, das geht nicht … Denke daran: Das sind seine Grenzen, nicht deine.

Das war ja sicher alles richtig. »Aber das hier sind *meine Eltern*! Und warum ist alles so schwer für mich? Vielleicht, weil ich sehr lange auf den ersten Baum gehört habe? Ich hab noch keine Übung darin, auf den anderen Baum zu achten.«

Dann hatte er eine Idee: Er machte die Spiegel-Übung. Er flüsterte vorsichtshalber sehr leise, seine Eltern sollten das auf keinen Fall hören: »Ich, Karl, ich will Schauspieler sein. Und Anna sagt, ich bin sehr gut. Dafür kämpfe ich gerade. Für meinen Traum. Das ist gut. Ich liebe mich dafür. Es wird alles gut.«

Er konnte sich selbst nicht erklären, wo das herkam. Aber es tat ihm gut. Als er gerade die Toilette verlassen wollte, erhielt er eine neue Nachricht von Marc:

> Verbringe deine Zeit mit Menschen, die dich bedingungslos lieben. Und nicht mit denjenigen, die dich nur »lieben«, wenn du ihre Bedingungen erfüllst.

Da hatte Karl eine Idee. Und er fühlte sofort: Das ist es. Genau das werde ich tun: Ich gehe jetzt wieder raus zu meinen Eltern, und *ich spiele ihnen eine Rolle vor*. Ich tue einfach so, als wäre ich vollkommen selbstsicher und total entschieden. Schließlich bin ich Schauspieler. Zumindest bald.

Ihn überkam eine erstaunliche Ruhe. Er ging zurück zu seinen Eltern ins Wohnzimmer. Plötzlich konnte er sehr klar argumentieren.

Er sagte: »Ihr habt eine andere Meinung über mich als ich. Und aus eurer Sicht habt ihr sicherlich recht. Ich bin wahrscheinlich in euren Augen sehr weich. Aus meiner Sicht hilft mir gerade meine Sensibilität, ein guter Schauspieler zu sein. *Ich ziehe meine Meinung vor.* Ich werde mein Studium aufgeben. Und ich werde alles daransetzen, Schauspieler zu werden. Ich weiß nicht, ob ich es schaffe. Aber ich werde alles dafür tun, was ich kann.«

Er hatte diese Stärke nur gespielt. Er empfand sie gar nicht wirklich. Aber seine Eltern merkten es nicht. Und er fühlte sich auf einmal sehr viel mutiger und klarer.

Seine Mutter fing an zu weinen: »Dieses undankbare Kind.« Dann brach sie zusammen.

»Sieh nur, was du getan hast«, schrie sein Vater.

»Ich rufe einen Notarzt«, erwiderte Karl ruhig. Er konnte sich seine Ruhe selbst nicht erklären.

Aber da kam seine Mutter schon wieder zu sich. Sie erholte sich erstaunlich schnell. »Vielleicht ist sie ja auch eine ganz gute Schauspielerin«, dachte Karl.

Anschließend sagte er noch: »Ich weiß, ihr meint es gut mit mir. Aber ich hab meine Meinung. Ich hab mein Ziel. Und ich will das durchziehen. Auch wenn ihr mich für undankbar haltet. Doch ich glaube, dass meine Schuldigkeit darin besteht, auf meine eigene Art glücklich zu werden.«

Dann verließ er das Haus seiner Eltern. Es war nicht gut gelaufen. Aber trotzdem fühlte er sich befreit, schwerelos: Er hatte das Richtige getan.

•••

Am Abend traf er Anna. Sie umarmten sich lange. Und sofort fühlte Karl sich ausgezeichnet. Er erzählte von dem Gespräch mit seinen Eltern.

Anna sagte, sie habe Eltern, die sie bedingungslos unterstützten, die sie wirklich liebten. Das sei ein großes Geschenk. Aber ihre Großeltern seien so wie Karls Eltern gewesen: Sie wollten festlegen, wie Anna leben sollte.

Darunter hatte Anna eine ganze Zeit gelitten. Sie kannte das also gut. Aber dann gewann sie eine Reihe von wichtigen Erkenntnissen dank Marc und anderen klugen Menschen. Ob Karl sie hören wolle? Natürlich wollte er.

Die **erste Erkenntnis** hatte mit Fremdwert und Selbstwert zu tun. Aber Anna nannte das anders. Sie sagte: »*Es gibt nur* *eine Meinung. Und das ist deine.* Deswegen fängt das Wort mit ›mein‹ an. Alles andere sind **Ä**nderungen. Ideen von **an**deren.«

»Ein cooles Wortspiel«, sagte Karl.

»Ist nicht von mir, sondern von Vera F. Birkenbihl«, erklärte Anna. »Ich habe viele alte Vorträge von ihr auf YouTube gefunden. Du wirst übrigens sehen, dass sich jeder mit diesem Thema auseinandersetzen muss. Auch Vera musste das; sie berichtet darüber in einem Video.«

Anna fuhr fort: »Die **zweite Erkenntnis**: Wenn du deine Meinung als die entscheidende ansehen willst, brauchst du Selbstbewusstsein. *Je mehr du dir deiner bewusst bist, umso mehr kannst du dich auf deine Meinung verlassen.* Hast du kein Selbstbewusstsein, lebst du nach den Plänen, die andere für dich haben.«

Karl dachte eine Weile nach. Dann sagte er: »Das ist wirklich ein Grund, an meinem Selbstbewusstsein zu arbeiten. Ich beginne das immer mehr zu verstehen, was Marc behauptet: Das Wichtigste für unser Glück ist, selbstbewusst zu sein.«

Anna nickte, dann nannte sie ihre **dritte Erkenntnis**: »Du willst dich dann nur noch mit Menschen umgeben, die dich und deine Idee gut finden. *Niemand hat es verdient, sich mit Menschen zu umgeben, die an ihm zweifeln.* Denn diese Menschen machen dich klein.«

»Aber das sind doch MEINE ELTERN«, rief Karl. »Mit denen muss ich mich ja umgeben.«

»Ich habe damals meine Großeltern eine Zeit lang nicht besucht«, erklärte Anna. »Bis sie respektiert haben, dass ich meine eigenen Träume leben möchte.«

»Das ist hart«, sagte Karl.

»Ja, aber viel härter ist es, wenn du ein Leben für andere

lebst und deine Träume begräbst. Ich war damals noch nicht selbstbewusst genug. Ich musste darum zunächst alles meiden, was meine Träume hätte vergiften können. Wir sollten das tun, was unser Herz uns sagt. Willst du auch meine letzte Erkenntnis hören?«

»Unbedingt.« Karl sah Anna sehr verliebt an. Sie war fantastisch: so klug, so stark, so schön.

»Meine **vierte Erkenntnis**: *Ratschläge sind oft die Rechtfertigung der eigenen Situation.* Vielleicht haben deine Eltern auch Träume gehabt, die sie begraben haben. Und plötzlich werden sie damit konfrontiert, weil du deine Träume aussprichst. Natürlich wollen sie sich vor sich selbst rechtfertigen, warum sie diese Träume nicht leben. Sie sagen dann nicht: Ich hatte zu viel Angst … Sondern sie geben dir Ratschläge und arbeiten ihr eigenes Scheitern mit diesen Ratschlägen auf.«

»Eine interessante Idee«, erwiderte Karl. »Dann meinen sie es gar nicht böse.«

»Nein«, sagte Anna. »Sie brauchen vielleicht einfach Zeit, weil es gar nicht in erster Linie um dich geht. Es geht um ihr eigenes Leben.«

Karl nickte nachdenklich.

»Es gibt noch eine **fünfte Erkenntnis** – und die ist wohl die tiefste«, fuhr Anna fort. »Wenn dir jemand stark geholfen hat, dann schuldest du ihm etwas. Weißt du, was das ist?«

Karl schüttelte verwirrt den Kopf.

»*Du schuldest diesem Menschen, dass du glücklich wirst*«, erklärte Anna nachdrücklich. »*Es geht nicht darum, dass du erfolgreich bist in seinen Augen. Wenn du jemandem Dank schuldest, dann heißt das nicht, dass du so leben musst, wie der andere das für richtig hält. Das wäre kein Dank, sondern das Ende deines freien Lebens. Du schuldest dem anderen vielmehr, dass du so lebst, dass du glücklich bist. Besser kannst du niemandem danken.* Wer dich liebt, wird das wollen.«

Nach einer Weile sagte sie: »Ich möchte dir noch einen Tipp geben. Marc ist wirklich der Brain. Wusstest du, dass er sechs verschiedene Studiengänge abgeschlossen hat und umfangreiche Forschungen gemacht hat?«

»Wahrscheinlich kenne ich diese Fachgebiete nicht mal richtig«, witzelte Karl. Damit traf er die Wahrheit ziemlich genau.

Anna zählte auf: »Er hat zuerst Medizin studiert, später je einen Facharzt gemacht für Neurologie und Psychiatrie, dann Epigenetik, Psychoimmunologie, Quantenphysik und Neurobiologie. Sein Schwerpunkt ist: Wie funktioniert das Gehirn, seine Chemie, seine Zellbiologie, was bestimmt unser Gedächtnis.«

»Wenn ich das alles wüsste, hätte ich auch ein starkes Selbstbewusstsein«, murmelte Karl beeindruckt.

»Ich glaube, es ist noch etwas anderes«, erwiderte Anna. »Weil er all das weiß, kann er Selbstbewusstsein sehr gut erklären. Vielleicht lässt du dir von ihm einmal die wissenschaftlichen Hintergründe erläutern. Das ist alles auf dem allerneuesten Stand der Wissenschaft. Mir hat das sehr geholfen.«

Karl folgte ihrem Rat; er rief Marc sofort an. Der freute sich, Karl bald wieder zu treffen. Sie verabredeten sich für den nächsten Tag zum Mittagessen. Danach wandte er sich wieder Anna zu.

Sie schlug ihm mit schelmischem Grinsen vor: »Vielleicht kann ich dir helfen, für den Rest des Abends Problemlöser zu sein?«

»Wie das?«, wunderte sich Karl.

»Ich glaube, wir können uns emotional von unseren Problemen lösen. Wenn uns das gelingt, finden wir auch bald eine Lösung. Denn solange wir emotional eng mit dem Problem verbunden sind, fokussieren wir uns hauptsächlich auf das Problem ... Lösung kommt von lösen. Also sich vom Problem emotional los-lösen. Ich kann dir dabei helfen.«

Karl war sich nicht sicher: »Aber dann sind die Probleme ja nicht weg ...«

»Gleich sind sie sehr weit weg«, flüsterte Anna.

5 DIE WISSENSCHAFT

»Mein Lebensretter!«, rief Marc freudig, als Karl am nächsten Mittag pünktlich im Restaurant erschien. »Es ist wunderbar, gut essen zu können. Aber noch viel schöner ist es, mit einem Menschen zusammen zu essen, den man von Herzen mag.«

Karl erzählte von dem Gespräch mit seinen Eltern und von Annas Erkenntnissen. Marc bestätigte: »Ja, für dein Leben zählt deine Meinung. Der Weg zum Glück ist leicht: Du tust das, was du kannst und was du magst. Dabei ist deine Meinung wichtig, denn es ist dein Leben. Also: Was magst *du*? Und was fühlst du, dass du kannst?«

»Aber was mache ich mit meinen Eltern?«, wollte Karl wissen.

»Gib ihnen Zeit«, antwortete Marc. »Denn du tust gerade etwas, was eigentlich unmöglich ist. Damit bedrohst du die Realität deiner Eltern. Denn ihre normalen Grenzen, alle ihre Überzeugungen sind jetzt nicht mehr sicher. Und sie wollen nicht, dass alles in Frage gestellt wird, was sie für wahr halten; deshalb reagieren sie negativ. Gib ihnen Zeit.«

Karl sagte nachdenklich: »Aber sie tun mir sehr leid.«

»Vielleicht kannst du es so sehen«, erklärte Marc. »Du gibst ihnen eine große Chance, ihre Grenzen zu überdenken. Wer weiß, was alles in ihnen steckt.«

»Als Chance für meine Eltern hab ich das bisher noch gar

nicht gesehen … Und ich bin mir nicht sicher, ob sie darin eine Chance für sich erkennen«, meinte Karl.

»Weißt du, was das größte Geschenk ist, das wir anderen machen können?«, fragte Marc.

Karl zuckte mit den Schultern.

»Dass wir ihren Erfolg erwarten. Dass wir an sie glauben. Das ist das größte Geschenk, das wir anderen machen können. Kennst du die alte griechische Geschichte von Pygmalion und Galatea?«

Karl schüttelte den Kopf.

»Pygmalion war Bildhauer und hatte eine wunderschöne Statue erschaffen. Er gab ihr einen Namen: Galatea. Täglich schaute er sie viele Stunden an. Er verliebte sich so sehr in sie, dass er sich kaum noch von ihr lösen konnte. Aphrodite, die Göttin der Liebe, war gerührt. Sie erweckte die Statue zum Leben. Pygmalion und Galatea lebten fortan glücklich zusammen.«

Marc interpretierte die Geschichte: »*Du erschaffst das, was du in einem anderen siehst.* Du bringst es förmlich zum Leben. Und darum sollten wir uns mit Menschen umgeben, die uns liebevoll betrachten, wie Pygmalion seine Galatea. Wir sollten um uns Menschen haben, die Dinge in uns erwecken, die uns guttun. Dadurch wird Schönes und Gutes in uns zum Leben erweckt.«

»Verurteile ich dann nicht andere Menschen?«, fragte Karl.

»Nein, das steht uns nicht zu. Und das ist nicht unsere Aufgabe. Aber wir können sehr wohl entscheiden, was uns guttut und was nicht.« Dann fuhr Marc mit ernster Miene fort: »Wer sich selbst nicht zu schätzen weiß, der kann auch andere nicht wertschätzen. Selbstachtung ist ansteckend. Aber Selbstverachtung ist ebenfalls ansteckend. *Wer sich selbst nicht achtet, der kann auch andere nicht achten.* Menschen, die dich nicht wertschätzen, haben kein Recht, Zeit mit dir zu verbringen. Und du hast kein Recht, Zeit mit ihnen zu verbringen.«

Karl fragte nachdenklich: »Das ist wie die Geschichte vom Paradies mit den zwei Bäumen. Richtig?«

»Ja«, antwortete Marc. »Wir dürfen uns dem Gift des falschen Baumes nicht aussetzen. Das klingt sehr hart. Aber es ist nur konsequent. Niemand ist so stark, dass er so viel Gift schlucken kann, ohne darunter zu leiden.«

»Selbst du nicht, wie wir in Mexiko gesehen haben«, schmunzelte Karl.

»Wirklich niemand«, bestätigte Marc und schlug vor: »Lass uns doch einen leckeren Espresso trinken gehen. Danach fahren wir in meine Firma. Und wie versprochen, erfährst du etwas über die wissenschaftlichen Hintergründe von Selbstbewusstsein, Selbstvertrauen, Selbstachtung und Selbstbild.«

»Ich hoffe, dass ich es verstehe«, sagte Karl.

»Es ist viel einfacher und klarer, als du denkst. Und es gibt einige sehr kompetente Mitarbeiter, mit denen du darüber sprechen kannst.«

»Oh ja«, dachte Karl, »sehr kompetente Mitarbeiter.« Dabei hatte er vor allem Anna im Sinn.

»Zur Einstimmung möchte ich dir gerne auf dem Weg zum Café eine Geschichte erzählen.«

Karl nickte freudig. Er liebte Geschichten. Das war ein Grund, warum er Schauspieler werden wollte. Er konnte Figuren aus Geschichten lebendig werden lassen.

Marc begann:

»Es gibt in Bangkok einen vier Meter großen Buddha. Er besteht aus zweieinhalb Tonnen massivem Gold. Je nach Goldpreis ist allein das Gold über hundert Millionen Euro wert. Dieser Buddha wurde erst 1957 entdeckt. Und das kam so: Es gab einen Lehm-Buddha, der verlegt werden musste. Die Mönche hoben ihn vorsichtig hoch, und dabei bekam er Risse. Der Leiter des Klosters erschrak zutiefst. Er dachte, sein Heiligtum aus Lehm werde auseinanderfallen. Aber dann sahen die Mönche durch die Ritzen im Lehm etwas Gold schimmern. Sie trugen den Lehm nach und nach ab und legten die goldene Statue frei.

Es stellte sich heraus, dass ihre Brüder vor langer Zeit den goldenen Buddha mit Lehm bedeckt hatten, bevor die burmesische Armee in Thailand einmarschiert war. Die burmesischen Soldaten kamen ins Kloster und töteten alle Mönche. Es blieb niemand am Leben, der von dem Geheimnis wusste. Und so dauerte es über zweihundert Jahre, bis der wahre Buddha aus Gold entdeckt wurde.

Ich glaube, in jedem von uns steckt ein solcher goldener Buddha«, fügte Marc hinzu, »eine goldene Essenz aus dem, was wir können und mögen. Aber im Laufe unserer Kindheit und unserer Jugend werden wir immer mehr mit Lehm bedeckt. Wir beginnen, Lügen über uns zu glauben. Und wir wollen uns selbst schützen. Dadurch ist unser Gold nicht mehr sichtbar.«

• • •

Sie tranken einen erstklassigen Espresso und fuhren danach zu Marcs Firma. AKADEMIE FÜR SELBSTBEWUSSTSEIN. Karl las das dezente Firmenschild jetzt mit mehr Ehrfurcht. Er dachte an das ungeheure Wissen, das Marc – so Annas Worte – gesammelt hatte. Der Brain.

Marc führte Karl in einen Konferenzraum: »Wir haben ein Video über die wissenschaftlichen Hintergründe von Selbstbewusstsein gedreht. Ich schlage vor, du schaust es dir an. Du kannst auch immer eine Pause machen. Stoppe dann einfach das Video. Und anschließend können wir darüber sprechen.«

Das Video war sehr aufwändig zusammengestellt. Mit eindrucksvollen Bildern, mit eingeblendeten Headlines und einleitend mit Marcs Stimme aus dem Off:

Du kannst dich verändern.
Bis vor Kurzem haben Gehirnforscher gedacht, dass wir unser Gehirn nicht verändern können. Aber das ist falsch. Wir können uns neu programmieren. Wir können sogar lernen, unser Denken zu kontrollieren.

Dazu waren Scans von einem Gehirn zu sehen, das sich nach und nach veränderte.

Wer bist du? Programmierer oder Programmierung?
Früher haben wir gedacht: Wir sind unsere Programmierung. Aber heute wissen wir: Wir sind der Programmierer. Wir sind nicht der Inhalt. Wir sind das Glas. Wir sind nicht die Software. Wir sind die Hardware. Wir bestimmen, mit welcher Software wir uns bespielen. Wir bestimmen, womit wir uns füllen.

> Wir sind die Programmierer, und wir können unsere Programme ändern. Wir sind darum die Schöpfer unserer Zukunft.

Im Bild war ein Glas mit Flüssigkeit. Der Inhalt war beschriftet mit: »Deine Programmierung«; auf dem Glas selbst stand: »Du, der Programmierer«.

> Unser Denken ist ein ständiger innerer Dialog. Wir werfen Fragen auf und beantworten sie. Wir behaupten in unseren Gedanken etwas und suchen anschließend eine Bestätigung dafür. Wir nennen das »selektive Wahrnehmung«.
> Wir können lernen, unsere inneren Dialoge so zu steuern, dass sie für uns arbeiten. Und nicht gegen uns.
> **Wie steht es um deine mentale Fitness?**
> Selbstbewusstsein können wir als unseren Grad an *mentaler Fitness* bezeichnen. Es ist eine Maßeinheit, die zeigt, wie gesund und resilient wir sind:
> **Was trauen wir uns zu?**
> **Für wie liebenswert halten wir uns?**
> **Sind wir uns bewusst, wer wir sind?**
> Selbstbewusstsein bestimmt alles, was wir denken, sagen oder tun – in jedem Aspekt unseres Lebens. Umfangreiche Studien zeigen: Unser Selbstbewusstsein bestimmt zum Beispiel die Qualität unserer Beziehungen. *Je mehr wir uns selbst mögen, umso mehr mögen wir andere.* Und je mehr wir andere mögen, umso mehr mögen sie auch uns. Die meisten Menschen glauben nicht an das Besondere in sich. Sie glauben auch nicht an das

Besondere in anderen. Und so ziehen sie sich selbst und andere runter.

Unser Selbstbewusstsein bestimmt, ob wir linear denken oder exponentiell. Ob wir nach einer Gehaltserhöhung fragen oder nicht. Ob wir Risiken eingehen oder nicht. Ob wir einen Fremden ansprechen oder nicht.

Achtung: Unser Gehirn macht es uns nicht leicht ...
Unser Gehirn ist so aufgebaut, dass Negatives dominiert. Schlechte Nachrichten fallen uns schneller auf. Wir behalten sie länger. Und wir gewichten sie stärker. Sie beeinflussen uns mehr. Das war in der Evolution sinnvoll: So hat die Natur uns vor Gefahren beschützt und unser Überleben gesichert.

Was früher sinnvoll war, wirkt sich heute negativ auf unser Selbstbewusstsein aus. Wir fokussieren uns mehr auf unsere Fehler und Niederlagen. Wir behalten sie auch länger im Kopf als unsere Erfolge. Und wir geben ihnen mehr Gewicht.

Plötzlich kam Anna in den Raum. Karl durchflutete ein Glücksgefühl. Er spürte einmal mehr, wie verliebt er in sie war. Was für eine Frau. Er drückte schnell auf Stopp.

Anna gab ihm einen Kuss. Dann fragte sie: »Wie gefällt dir dieser Film?«

»Er ist gut gemacht«, entgegnete Karl. »Aber ich glaube, es könnte noch einfacher erklärt werden. Als Schauspieler würde ich sagen: Das Drehbuch ist sicher gut, aber die Protagonisten erreichen mich emotional nicht.«

»Danke für deine ehrliche Antwort«, nickte Anna. »Darum hat Marc mich eingestellt. Damit ich seine wissenschaftlichen Erkenntnisse in eine emotionale Sprache verpacke.

Einiges davon ist bereits in diesen Film eingeflossen. Zum Beispiel die *mentale Fitness*. Damit wollen wir sagen: *Glück fällt uns nicht einfach so zu. Auch unser Selbstbewusstsein nicht. Beides ist die Folge einer bestimmten Anstrengung.*«

»Hast du Zeit, den Rest des Films mit mir zusammen anzuschauen?«, fragte Karl.

Anna nickte und setzte sich ganz dicht neben ihn. »Jetzt kommt ein ganz wichtiger Teil. Du erfährst darin, wie dein Gehirn funktioniert und wie du es verändern kannst. Und damit veränderst du dich. Und dein Leben. Aber ich muss dich warnen: Das ist jetzt ein bisschen trocken. Aber trocken ist nicht immer schlecht. Manches müssen wir dann eben drei oder vier Mal hören. Du wirst sehen, es lohnt sich: Du wirst gleich die wissenschaftlichen Grundlagen von wandelbarem Selbstbewusstsein kennenlernen.«

»Mit dir zusammen wird mir auch das Spaß machen«, flüsterte Karl.

Als Nächstes zeigte der Film unterschiedliche Wissenschaftler. Sie formulierten die zwölf neuesten Erkenntnisse über Selbstbewusstsein.

Kannst du dein Selbstbewusstsein steigern? Die Wissenschaft sagt Ja. Und hier erfährst du, warum das so ist:

1. Unsere Erinnerung verwandelt uns. Je nachdem, woran wir uns erinnern, sind wir entweder traurig oder fröhlich.

2. Darum ist es wichtig, ein bestimmtes Erinnerungs-Management zu betreiben. Wir können lernen, uns auf positive Dinge zu konzentrieren.

3. Dazu müssen wir zuerst die positiven Dinge abspeichern. Das tun wir, indem wir zum Beispiel notieren, was uns gut gelungen ist.

4. Wir können lernen, diese positiven Dinge bei Bedarf abzurufen.

5. Unser Gehirn kann aus drei bis vier positiven Erinnerungen etwas Gigantisches basteln. So wie Paläontologen ein paar Knochenstücke reichen, um daraus einen ganzen Dinosaurier zu rekonstruieren. Das heißt, aus ein paar Erinnerungen machen wir riesige emotionale Gebilde.

6. Das können wir mit negativen Erinnerungen tun, aber auch mit positiven.

Zu sehen war ein furchterregender Tyrannosaurus Rex; der stand für Angst. Und ein riesengroßer, friedlicher Brontosaurus als Sinnbild für Frieden und Glück.

7. Wir können uns buchstäblich klein oder groß machen. Konzentrieren wir uns auf ein paar Niederlagen, haben wir plötzlich den Eindruck von uns, richtige Versager zu sein. Konzentrieren wir uns auf einige Erfolge, sehen wir uns selbst als Helden. Wir nennen das: Wir haben das emotionale Gebilde eines Helden geschaffen.

8. Das meiste davon geschieht unbewusst.

Karl drückte auf die Stopptaste. »Jetzt freue ich mich auf deine Erklärung«, sagte er.

Anna ließ sich nicht lange bitten: »*Wir nutzen unsere Energie immer nur für eine von zwei Möglichkeiten: Wir machen uns kleiner, oder wir machen uns größer.* Als Kind habe ich das Fernglas meines Vaters entdeckt. Ich habe hindurchgeschaut, und alles war vergrößert. Mein Vater hat das beobachtet und gesagt: ›Jetzt schau mal durch das andere Ende.‹ Das hab ich getan, und alles, was ich gesehen habe, wurde deutlich kleiner.

Dann hat er mir erklärt: ›Wir können wie durch ein Fernglas auf uns selbst schauen. Dabei entscheiden wir, durch welche Seite des Fernglases wir blicken. Und dann nehmen wir uns entweder größer oder kleiner wahr. Etwas besser oder etwas schlechter. Wir können uns niemals genau so sehen, wie wir sind.‹«

Karl lachte: »Dann ist es schon besser, wenn wir uns etwas größer sehen, als wir sind.«

Sie schauten sich den Film weiter an.

Unsere Erinnerung ist nicht einfach da, sondern wir erschaffen sie immer wieder neu. Und das geschieht so:

9. Wie wir etwas aus der Vergangenheit erinnern, ist abhängig von unserer Stimmung. Psychologen nennen das Stimmungs-Kongruenz: Wir wählen etwas aus, das gerade zu unserer gegenwärtigen Stimmung passt. Sind wir gut drauf, suchen wir Erinnerungen aus unserer Vergangenheit, in denen wir auch gut drauf waren. Und dann sind wir noch besser drauf.

> Sind wir dagegen deprimiert, suchen wir traurige Szenen aus unserem Leben. Und sind bald noch deprimierter ... So, wie wir uns in einem Streit ganz schnell an weitere Punkte erinnern, die uns an dem anderen nicht gefallen haben. Wir haben dann den anderen rasch in einen riesigen negativen Dinosaurier verwandelt.
>
> Dasselbe tun wir auch mit uns selbst. Erinnerungen sind also nicht einfach da, sondern wir erschaffen sie. Und wir erschaffen sie mit unserer Stimmung. Darum ist es so wichtig, dass wir uns in gute Stimmung bringen. Denn dann fällt es uns leichter, uns zu fragen: Was ist mir gut gelungen? Uns fallen dann Erfolge ein, und dadurch bessert sich unsere Stimmung noch mehr.

Karl drückte auf Stopp und schaute Anna fragend an. Die ließ sich nicht lange bitten: »Es gibt eine Negativspirale, durch die fühlen wir uns immer etwas schlechter. Und die geht so: Wir fühlen uns klein. Dann sehen wir uns auch in Erinnerungen aus unserer Vergangenheit klein; dadurch fühlen wir uns bald noch kleiner.«

»Nicht gut«, kommentierte Karl.

»Gar nicht hilfreich«, stimmte ihm Anna zu. »Aber es geht eben auch andersrum: Wir fühlen uns gut, und dann betrachten wir auch unsere Vergangenheit liebevoll. Dadurch fühlen wir uns bald noch besser.«

»Und wieso hilft mir diese Erkenntnis?«, fragte Karl.

»Sie macht dir klar, dass es keine objektive Realität gibt. Und damit auch keine objektive Erinnerung. *Wir erschaffen unsere Erinnerung immer wieder neu.* Wir schaffen sie so, wie wir uns gerade fühlen. Darum ist es so wichtig, dass wir trainieren, uns gut zu fühlen. Denn dann schaffen wir eine gute Erinnerung.

Wir schauen immer durch die eine oder die andere Seite des Fernglases. Wir schauen immer auf eine bestimmte Weise auf uns; auf das, was wir gerade tun. Und auf unsere Erinnerung. Wir müssen lernen, durch die Seite zu schauen, die alles größer und schöner erscheinen lässt.

Wir müssen uns anstrengen, glücklich zu sein, und wir müssen uns anstrengen, um unser Selbstbewusstsein zu steigern. Das ist möglich. Du kannst es mit Sport vergleichen: Anfangs, wenn wir total untrainiert sind, ist es anstrengend. Aber wenn wir dranbleiben, dann macht uns die Anstrengung irgendwann sogar Spaß. So ist es auch mit unserem *Selbstbewusstsein: Wir können es trainieren*; wir können eine mentale Fitness darin entwickeln. Je größer unser Selbstbewusstsein ist, umso fitter sind wir mental.«

»Du bist wirklich genial«, staunte Karl.

»Ich weiß«, lächelte Anna. Und es wirkte natürlich und sehr charmant. Dann schauten sie das Video weiter an. Dank der Erklärungen von Anna konnte er es jetzt ganz gut verstehen.

Wiederholung verstärkt:

10. Neurologen haben herausgefunden: Je öfter wir uns ein bestimmtes gespeichertes Erlebnis vergegenwärtigen, umso deutlicher wird die Erinnerung. Je mehr wir also üben, uns auf unsere Erfolge zu konzentrieren, umso leichter wird es.

11. Es macht keinen Unterschied, ob wir eine Erfahrung gerade zum ersten Mal durchleben

oder ob wir uns erinnern. Wenn wir uns also an etwas erinnern, was uns in der Vergangenheit gut gelungen ist, dann fühlen wir uns sofort erneut als Helden. So, als hätten wir gerade das Siegtor in einem Weltmeisterschaftsfinale geschossen.

12. *Für unser Gehirn zählt die Menge an positiven Erinnerungen.* Nicht so sehr die Qualität. Unser Kopf sagt uns zwar: Das Siegtor in einem Finale ist viel wichtiger, als einer alten Dame über die Straße zu helfen. Aber Forschungen zeigen: Der Siegtorschütze hat schon wenige Monate später nur noch sein normales Selbstbewusstsein.
Unsere unbewussten Systeme unterscheiden nicht. Für sie ist ein Erfolg ein Erfolg. *Und je mehr Erfolge wir abspeichern und uns später daran erinnern, umso erfolgreicher fühlen wir uns.* So kann der Held eines Finales unter Umständen ein trauriger Mensch sein. Und der Held des Alltags, der immer wieder anderen Menschen hilft, ein sehr glücklicher Mensch.

»Es reicht«, sagte Karl. »Mir brummt der Kopf.«

Anna lachte: »Du hättest mal die ersten Versionen der Wissenschaftler hören sollen. Und trotzdem: Wenn du ihre Ausführungen später erneut siehst, wirst du alles noch besser verstehen, als wenn ich es nur erklärt hätte.«

»Wenn ich all das einem achtjährigen Kind in zwei Minuten erklären sollte, was würdest du mir dann raten?«, fragte Karl einer plötzlichen Eingebung folgend.

Anna musste nicht lange nachdenken: »Dann malst du

zwei gleich lange Linien untereinander auf ein Blatt Papier. An die Enden der einen Linie fügst du Pfeile, die nach innen gerichtet sind, an, an die Enden der anderen Linie Pfeile, die nach außen gerichtet sind.« Anna zeichnete:

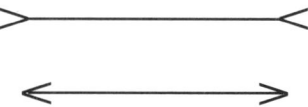

Karl staunte: »Die obere Linie sieht deutlich länger aus?!«

Anna pflichtete ihm bei: »Und obwohl unser Gehirn genau weiß, dass beide Linien gleich lang sind, nehmen wir trotzdem eine Linie als länger wahr und die andere als kürzer. So ist das auch mit dem Selbstvertrauen: Ist es niedrig, sehen wir uns kleiner. Wir trauen uns dann weniger zu. Weniger, als wir *wissen*, dass wir können. Das hat zur Folge, dass wir uns immer weniger zutrauen … Und im Ergebnis werden wir tatsächlich schlechter. Wir können schließlich weniger. Ist unser Selbstbewusstsein größer, sehen wir uns mächtiger, kompetenter und fähiger. Wir trauen uns dann mehr zu. Uns gelingt mehr. Wir werden besser. Wir können mehr.«

Dann holte sie ein Blatt Papier heraus, auf dem nur ein Satz zu lesen war:

Du wirst das, worauf du dich konzentrierst.

Anna sagte: »Es geht mir jetzt gar nicht um die Worte. Sondern es geht mir um das Verhältnis von schwarzer Schrift zu weißem Blatt. Wovon ist mehr da, von schwarzer Schrift oder von weißem Blatt?«

»Natürlich ist da viel mehr weißes Blatt als schwarze Schrift«, erwiderte Karl. Er wunderte sich, worauf Anna hinauswollte.

»Sagen wir, dieses Blatt Papier ist das Leben eines Menschen. Die schwarze Schrift symbolisiert seine Schwächen und Niederlagen. Das weiße Blatt seine Stärken und Erfolge. Die meisten Menschen sehen nur die schwarze Schrift. Obwohl sie nur einen Bruchteil des Blatts ausmacht. Sie sehen nicht, dass das Allermeiste strahlend weiß ist. Mit unserer AKADEMIE FÜR SELBSTBEWUSSTSEIN zeigen wir Menschen, wie sie lernen können, das strahlende Weiß in ihrem Leben zu sehen.«

Karl war beeindruckt. Gleichzeitig fühlte er sich schwer und unsicher. Ihm war bewusst, dass er sich viel mehr auf seine Schwächen konzentrierte als auf seine Stärken. Peinliche Situationen verfolgten ihn viel länger, als wenn ihm etwas gelungen war. Er teilte Anna seine Gedanken mit.

Sie schaute Karl liebevoll lächelnd an und sagte: »Du bist wundervoll. Ich könnte dir endlos Dinge aufzählen, die mich an dir faszinieren.«

Karl hätte diese Aufzählung sehr gerne gehört. Dabei ahnte er, dass er wohl kaum etwas davon würde akzeptieren können … Es war wie verhext. Er sehnte sich danach, sich selbst anders zu sehen. Besser, stärker, cooler. Mehr so, wie Anna und auch Marc ihn offensichtlich sahen. Gleichzeitig aber verteidigte er seine bisherige Sicht von sich mit allen Kräften.

• • •

Später traf Karl kurz auf Marc, der ihn einlud: »Morgen besuche ich einen fabelhaften Experten. Das ist jemand, von dem ich sehr viel gelernt habe. Und ich lerne jedes Mal dazu, wenn ich ihn treffe. Er ist ein Meister im Umgang mit Angst. Möchtest du mich begleiten?«

Natürlich wollte Karl das.

»Das freut mich sehr.« Marc lächelte. »Also hole ich dich morgen früh um 9 Uhr ab. Und dann besuchen wir Michael. Ich bin mir sicher, er wird dich tief beeindrucken. Nach der Begegnung mit ihm wirst du Angst ganz anders verstehen.«

6 MICHAEL

In der Nacht hatte Karl wieder einen Traum mit der alten Frau in dem grellroten Pullover. Erneut schien sie ihm etwas Wichtiges sagen zu wollen. Und wieder konnte er ihre Worte nicht verstehen.

Er sah auch den schwarzen Baum. Aber diesmal konnte er erkennen, dass seine Eltern ihn zu diesem Baum geschickt hatten. Er kletterte hinauf, obwohl er gar nicht da oben hinwollte. Dann stürzte er hinunter. Anna kam, um ihm zu helfen. Aber er schickte sie weg. Die alte Frau gestikulierte wild.

Da schaute er Anna hinterher. Sie wartete jetzt unter einem anderen Baum. Der war schön und hell. Karl wäre gern zu ihr gegangen. Aber irgendetwas hielt ihn zurück. Er hatte entsetzliche Angst. Die alte Frau zeigte ihm das lila Buch. Sie legte es unter sein Bett.

Karl wachte schweißnass auf. Er spürte, dass dieser Traum ihm etwas Wichtiges sagen sollte. Er hatte aber keine Ahnung, was das sein könnte … Automatisch griff er unter sein Bett und ertastete das lila Buch. Er hatte nichts anderes erwartet. Er schlug es auf und las:

> Jeder hat wenigstens eine Angst, die sein Leben bestimmt und seine Freiheit einschränkt.
> Warum macht Angst dich unfrei? Nun, wenn du Angst hast, bist du von anderen kontrollierbar und steuerbar.

Die häufigste Angst ist, nicht gut genug zu sein. Du bist aber gut genug. Du bist gut.

Du hast Angst vor einer Situation? Sage dir: Ich kann das! Werde dir dessen immer mehr bewusst: Du kannst das.

Wenn du vor der Angst wegläufst, wird die Angst größer, und du wirst kleiner.

Wenn du dagegen genau das tust, wovor du Angst hast, wird die Angst kleiner, und du wirst größer.

Deine Angst zeigt dir den Weg. Betrachte sie daher als deinen Freund – als einen Freund, der dir zeigt: Da geht's lang. Das musst du lernen. Daran musst du arbeiten. Dort machst du den größten Sprung. Dort liegt dein größtes Potenzial.

Du kannst verlernen, dich von deiner Angst aufhalten zu lassen. Du verlernst etwas, indem du etwas anderes an dessen Stelle setzt. Ersetze Angst immer mehr durch Selbstbewusstsein. Lerne, dir bewusst zu werden, was du kannst, wie liebenswert du bist und wer du bist.

Angst verleitet uns dazu, Entschuldigungen zu gebrauchen. »Ich habe ja Angst, also kann ich nichts machen«, versuchst du dir einzureden. Du fühlst dich dann erleichtert, weil du eine Gefahr vermieden hast.

Aber in Wahrheit bist du schwächer geworden. Angst führt dazu, dass du Misserfolge erlebst, statt Erfolge zu sammeln.

Du darfst deine Ängste nicht missbrauchen. Angst sollte dir den Weg zeigen und nicht als Ausrede dienen.

Du hast gar keine andere Wahl, als deine Angst aufzulösen. Denn der Umgang mit deiner Angst entscheidet über deine Zukunft.

Wieder fragte sich Karl: »Wo kommt das bloß her?« Dafür musste es doch eine logische Erklärung geben. Es spukte hier schließlich nicht. Der Traum war die eine Sache, das war einfach ein Produkt seiner Fantasie. Oder seines Unterbewusstseins. Aber das lila Journal war real.

Auf einmal empfand er eine seltsame Sicherheit: Es gab eine logische Erklärung dafür, und er würde sie finden. Dann lächelte er und kicherte: »Bin ich jetzt selbstbewusst oder ist das schon Wahnsinn?«

Er erinnerte sich daran, dass es keine objektive Realität gab. Da schienen sich die Wissenschaftler einig zu sein. »Na ja«, dachte er, »dann ist es schon besser, ich bin positiv wahnsinnig.«

• • •

Pünktlich um 9 Uhr holte Marc ihn ab. Wie immer war er sehr fröhlich: »Wie schön, dass du mich begleitest. Michael ist einer der wichtigsten Lehrmeister meines Lebens. Und ich freue mich ungemein, dass ich diesen Schatz mit dir teilen kann. Danach halte ich einen Vortrag in einer der größten Firmen der Welt. Wenn du Lust hast, kannst du mich begleiten.«

»Ich freue mich auch«, erwiderte Karl abwesend. »Ja, ich fahre gerne mit zu deinem Vortrag.«

Ihn beschäftigten der Traum und die Worte in dem lila Buch. Also fragte er: »Wieso hab ich eigentlich so viel Angst? Warum gibt es überhaupt Angst?«

Marc nickte verständnisvoll: »Das ist eine sehr gute Frage. Aus Sicht der Wissenschaft können wir das heute sehr gut beantworten.«

»Weißt du eigentlich auf alles eine Antwort?«, wunderte sich Karl.

»Ich habe viel mehr Fragen als Antworten. Aber das mit der Angst kann ich dir gut erklären. Ich habe viele Studien dazu gelesen: Die Grundeinstellung unseres Gehirns ist Besorgnis. Wir sprechen darum von einer *Negativitätsdominanz*. In unserer Entwicklungsgeschichte mussten sich unsere Vorfahren vor wilden Tieren in Acht nehmen. Da war es sehr wichtig, Angst vor einer Wildkatze zu empfinden, statt sie streicheln zu wollen. Das sicherte unser Überleben. Und diese Angst ist unseren Genen eingeschrieben, sie ist unser Erbe. Das bedeutet: Wir widmen dem Negativen mehr Aufmerksamkeit als dem Positiven. Wir haben ein besseres Gedächtnis für Negatives. Wir können es uns leichter einprägen. Leider unterschätzen wir dadurch das Positive.«

»Aber was hat das heute für uns mit Angst zu tun?«, wollte Karl wissen.

»Das wird gleich klar. Wir haben mehr Respekt vor negativ eingestellten Menschen«, fuhr Marc unbeeindruckt fort. »62 Prozent aller emotionalen Wörter sind negativ. Und zwar in so ziemlich jeder Sprache. Dadurch ignorieren wir automatisch die meisten glücklichen Ereignisse. In der Folge haben wir öfter Angst, als dass wir einfach unbeschwert voranschreiten. Das war in den letzten 2,5 Millionen Jahren unser großer Überlebensvorteil: Unser Gehirn soll uns nicht Mut machen, sondern es soll uns beschützen. Unser Gehirn will uns am Leben halten. Und deswegen ignoriert es die Tatsache, dass Negatives seltener ist.«

Karl sagte nachdenklich: »Darum sehen wir die schwarze Schrift und nicht das weiße Blatt.« Er erzählte Marc, was er von Anna gelernt hatte.

»Ein wundervolles Bild«, rief der begeistert. »Anna ist eine Magierin mit Worten.«

»Also bin ich gar kein Weichei«, dachte Karl laut. »Vielmehr bin ich ziemlich normal. Unser Gehirn ist einfach so aufgebaut …«

»Ganz genau, du bist vollkommen in Ordnung. Was du gerade erlebst, ist eine Entwicklung, die wir alle durchmachen«, erklärte Marc. Er verbesserte sich selbst: »Das heißt, leider wissen so wenig Menschen davon, also erleben das auch nur sehr wenige. Dabei ist es relativ einfach, unser Selbstbewusstsein zu verbessern. Und indem wir das tun, wird unsere Angst automatisch kleiner. Es sind immer dieselben *vier Schritte weg von der Angst hin zum Selbstbewusstsein*:

Erstens werden wir uns darüber bewusst, welche Erfahrungen wir machen. Zweitens bewerten wir sie.«

Karl fiel ihm ins Wort: »Wir entscheiden also, durch welche Seite des Fernglases wir schauen.« Auch hier erklärte er Marc das Bild von Anna. Und wieder reagierte Marc begeistert: »Diese Bilder sollten wir in unseren Film über Selbstbewusstsein einbauen.«

»Das finde ich auch«, bekräftigte Karl.

Marc fuhr fort: »Drittens müssen wir die positiven Erfahrungen speichern. Und viertens müssen sie verfügbar sein. Wir müssen sie abrufen können, wenn wir sie brauchen.«

»So weit die Theorie«, meinte Karl. »Ich weiß leider nicht, wie ich das praktisch machen kann.«

»Das zeige ich dir gern, aber jetzt lernst du erst einmal Michael kennen. Einen meiner großen Lehrer.«

• • •

Marc parkte seinen Wagen vor einem großen Krankenhaus. Karl war wieder fasziniert, mit wie viel Bewunderung Marc von diesem Michael sprach. Sie betraten das Gebäude. »Michael ist sicherlich ein angesehener Professor für Medizin«, dachte Karl.

Marc schien sich hier gut auszukennen. Sie liefen durch lange Flure und blieben schließlich vor einer Tür stehen. Marc klopfte an. Sie hörten ein leises »Herein« und folgten der Aufforderung.

In einem Krankenbett saß ein blasser Junge, vielleicht zwölf Jahre alt. Sein Kopf war kahl. Marc ging zu ihm hin, beugte sich hinunter und umarmte den Jungen lange und sehr herzlich. Dann wandte er sich Karl zu: »Das ist Michael. Michael, das ist Karl.«

»Hallo Michael«, grüßte Karl zaghaft. Er reichte Michael die Hand. Dessen Handschlag war erstaunlich fest. Karl dachte: »Marc hätte mich vorwarnen können. Es hätte ihm doch klar sein müssen, dass ich mit einem Professor rechne, nicht mit einem offensichtlich sehr kranken Jungen.« Was der wohl hatte? Es interessierte ihn; aber er konnte ja schlecht danach fragen.

Michael schien die Verunsicherung Karls zu spüren. Er sagte fröhlich: »Du fragst dich bestimmt: Was macht so ein toller Junge hier in diesem Krankenhaus? Ich hab einen Gehirntumor. Kann man nicht operieren ... Die Ärzte sagen, ich hab noch ein bis drei Monate.«

Karl war sprachlos und schluckte. Er schaute kurz zu Marc. Der bestätigte Michaels Worte mit einem kurzen, bedeutungsvollen Nicken.

Michael zuckte mit den Schultern: »Marc hat mir übrigens eine Menge von dir erzählt. Er sagt, du wirst einmal ein megaguter Schauspieler. Schauspieler, das find ich total cool.«

Der benimmt sich ja ganz normal, wunderte sich Karl. Er hatte angenommen, dass ein so kranker Junge traurig sein müsse.

Michael unterbrach seine Gedanken: »Ich hab davon geträumt, ein großer Fußballer zu werden. Das wird jetzt wohl erst mal nix.«

Karl wusste nicht, was er dazu sagen sollte.

»Marc hat mir erzählt, dass du als Lichtdouble arbeitest. Und dass es jetzt Zeit ist, dass du das machst, wovon du träumst.« Michael schaute Karl aufmerksam an: »Wann fängst du an?«

»Na ja, das kann man sich nicht aussuchen.«

»*Ich* kann mir das nicht aussuchen. Ich kann nicht mehr Fußball spielen. Der Tumor drückt auf ein paar Stellen im Kopf, sodass ich mich nicht normal bewegen kann.«

»Das tut mir leid«, murmelte Karl betroffen.

»Ich hab nichts davon, wenn dir das leidtut«, kam es spitz zurück. »Ich hab aber was davon, wenn du mir eine Freude machst.« Michael schaute Karl direkt in die Augen: »Willst du mir eine Freude machen?«

»Ja, sicher.« Karl fühlte sich überrumpelt, aber er mochte diesen seltsamen Jungen.

»Gut«, nickte Michael befriedigt. »Ich habe einen großen Wunsch: Ich möchte mal bei einem Filmdreh dabei sein.«

»Das krieg ich bestimmt hin …«, überlegte Karl.

»Ich hab aber einen ganz speziellen Wunsch. Seit Marc mir von dir erzählt hat, möchte ich sehen, wie ein Film mit dir als Schauspieler gedreht wird.«

»Das kann ich ganz bestimmt nicht versprechen«, Karl senkte den Blick.

»Natürlich kannst du das. Marc sagt, dass du dich entschieden hast, Schauspieler zu werden. Also sei das endlich. Ich hab nicht mehr so viel Zeit.«

Karl schaute Marc stirnrunzelnd an: »Was ist das denn jetzt hier für 'ne Nummer?« Er merkte gar nicht, dass er das laut ausgesprochen hatte. Marc blieb stumm.

»Das ist keine Nummer«, lenkte Michael Karls Aufmerksamkeit wieder zurück auf sich. »Ich hab dich gefragt, ob du mir eine Freude machen willst. Und du hast Ja gesagt.«

»Ja, ich hab mich dazu entschieden. Aber das heißt nicht, dass es auch tatsächlich passiert. Unglaublich viele Leute wollen Schauspieler werden. Und nur ganz wenige schaffen das.«

»Ich spreche aber nicht mit unglaublich vielen, sondern mit dir«, entgegnete Michael. Auf einmal veränderte sich der Gesichtsausdruck des Jungen; er schien plötzlich zwanzig Jahre älter zu sein.

»Weißt du, was die größte Lüge über Kranke ist?«, fragte Michael. »Sie sagen: Wer krank ist, ist nichts mehr wert. Der kriegt nichts mehr hin. Sein Leben hat keinen Sinn mehr. Aber das stimmt überhaupt nicht. Ich kann selbst nicht mehr Fußballer werden. Aber ich kann dir helfen, Schauspieler zu werden. Ich hab das geträumt; und ich weiß, dass es wahr ist.«

Karl schaute den Jungen zweifelnd an.

»Du brauchst gar nicht so komisch zu gucken«, sagte der. »Es wird Zeit, dass dir endlich mal einer die Wahrheit sagt: Anna hat sich in dich verknallt, du musst also ein guter Typ sein. Ich würde Anna sofort heiraten, wenn ich älter wäre. Sie sagt, du hast ein Wahnsinnstalent. Und Marc glaubt an dich … Aber du machst dir einfach ständig in die Hose. Ich kann das riechen. Ich sag dir was: Du hast Angst! Und ich kann dir helfen, deine Angst loszuwerden. So einfach ist das.«

Karl konnte die Gefühle nicht einordnen, die in ihm hochstiegen. Er war aufgewühlt. Was ging Michael das überhaupt an? Das war schließlich sein Leben. Michael hatte ihn überrumpelt. Aber er hatte nur noch wenige Wochen zu leben.

Karl hatte Mitleid mit dem Jungen. Gleichzeitig war er wütend.

Dann bemerkte er, dass Michael ihn die ganze Zeit aufmerksam anschaute. »Du hast Angst«, nickte er.

»Ja, ich hab Angst.« Karl konnte sich nicht erklären, warum er das plötzlich dem Jungen gegenüber zugab, den er gar nicht richtig kannte. »Hast du keine Angst?« Er hätte sich am liebsten auf die Zunge gebissen. Wie konnte er einem todkranken Jungen so eine Frage stellen?

»Endlich sagst du, was du denkst. Und nein, ich habe keine Angst. Auch keine Angst vor dem Tod.«

»Wirklich?«

»Wirklich!«, bestätigte Michael. »Ich sehe das so: Die meisten Menschen haben Angst vor dem Tod. Und deswegen denken sie, dass er etwas Schlechtes ist. *Aber vielleicht kommt nach dem Tod etwas ganz Tolles. Und vielleicht warten all die auf uns, die schon gestorben sind ... dass wir endlich auch da hingehen, wo sie schon sind.* Vielleicht ist es dort viel schöner als hier.«

Karl war betroffen. Woher nahm der Junge diese Kraft?

»Jetzt wäre es schön, wenn du mal wieder lächeln würdest«, sagte Michael. »Wovor hast du eigentlich Angst?«

»Das weiß ich selbst nicht so genau. Vielleicht, dass ich es als Schauspieler nicht packe. Dann hab ich keinen Abschluss, und Schauspieler bin ich auch nicht. Meine Eltern würden mir ewig Vorwürfe machen. Ich würde mich selbst verachten. Vielleicht würde ich irgendeinen Job annehmen, der echt blöd ist. Nur damit ich etwas Geld verdiene ...«

»Junge, Junge, du bist echt ein harter Fall«, kommentierte Michael. »Doch das kriegen wir schon hin. Weißt du, wovor du Angst haben solltest? Du solltest Angst haben, deinem Traum nicht zu folgen. Aber Angst vor dem, was die anderen sagen? So ein Quatsch. Du musst wissen: Alle Selbstzweifel sind nur Zweifel anderer Menschen, denen du erlaubt hast, sich in dein Unterbewusstsein einzunisten.«

»Woher weißt du solche Sachen?«, fragte Karl.

»Na, von dem Brain hier«, schmunzelte der Junge. Er zeigte auf Marc. »Der hat brutal viel mit mir geredet. Das war echt wichtig für mich. Marc schickt mir täglich irgendwelche krassen WhatsApp-Nachrichten. Heute war es eine von Yoda, du weißt schon, der weise Jedi-Meister aus ›Krieg der Sterne‹. Gib mir mal deine Handynummer, dann leite ich dir den coolen Spruch gleich mal weiter.«

Karl gab ihm seine Nummer. Und schon kündigte sich die Nachricht mit einem Piepton an:

> Angst ist der Weg zur dunklen Seite.

»Cool – oder?«, erkundigte sich Michael sofort.

»Ich weiß nicht, ob das stimmt.«

»Du willst doch nicht an Yoda zweifeln? Mann, der ist noch weiser als Marc.«

»Das ist unmöglich«, witzelte Karl.

»Endlich lächelst du wieder«, lobte ihn der Junge. »Aber ich warte noch auf deine Antwort.«

»Welche Antwort?«

»Ich glaub's ja nicht. ›Welche Antwort?‹, fragt der. Das ist ja wohl klar! Nimmst du mich mit zu deinem Dreh, wenn du Schauspieler bist?«

»Ich geh jetzt mal in die Cafeteria und trink was. Dabei denk ich in Ruhe drüber nach. Dann komm ich zurück und geb dir meine Antwort.«

• • •

Kaum hatte Karl seinen Kaffee getrunken, wusste er: Er würde dem Jungen das Versprechen geben. Denn er spürte, dass er dadurch eine Kraft bekam, die er selbst jetzt noch nicht hatte. Er würde alles daransetzen, sein Versprechen zu halten.

Also ging er zurück zu Michael und sagte: »Ich verspreche dir, dass ich alles tue, was ich kann. Wirklich alles. Und wenn es stimmt, was Marc behauptet, dann wird es funktionieren.«

Er erklärte mit feierlicher Miene: »Ich nehme dich mit zu dem ersten Dreh, sobald ich Schauspieler geworden bin. Ich versprech es.«

»*Warum* versprichst du mir das?«, fragte Michael prüfend.

»Weil mir das Kraft gibt. Du gibst mir Kraft. Mein Versprechen erlaubt mir keinen Weg zurück. Ich werde mein Wort halten. Man macht schließlich keine Witze mit Yoda … Ginge es nur um mich, hätte ich vielleicht jahrelang so weitergemacht. Aber für dich werde ich mich viel mehr anstrengen. Ich hab jetzt einen Grund. Und …«, Karl überlegte, ob er das auch sagen könnte, »und ich werde mich beeilen.«

»Nimm mich in den Arm«, bat Michael gerührt.

Karl drückte Michael vorsichtig. Dabei spürte er, wie eine besondere Kraft von dem Jungen auf ihn überging. Seine Angst war weg. Er freute sich plötzlich darauf, Vollgas zu geben. Jetzt hatte er ein Ziel, und er hatte sich verpflichtet.

»Möge die Kraft mit dir sein«, zitierte Michael Yoda zum Abschied.

»Und mit dir, weiser Yoda.«

• • •

Später saß Karl lange Zeit schweigend neben Marc in dessen Wagen. Sie fuhren zu dem Vortrag, den der Brain in einer der größten Firmen der Welt halten sollte. Marc spürte, dass Karl nachdachte.

Wie hatte er dem kranken Jungen dieses Versprechen geben können, grübelte Karl. »Ich hab es getan, damit ich jetzt keine Ausrede mehr habe. Ich brauchte einen Grund, und jetzt hab ich ihn. Ich kann und ich werde Michael nicht enttäuschen.«

Bevor sie die Firma erreichten, erklärte ihm Marc, worum es bei dem Vortrag ging: Er würde zu den fünfhundert wichtigsten Mitarbeitern sprechen und ihnen klarmachen, wie wichtig Selbstbewusstsein für sie ist. Obwohl sie alle bereits erheblich viel Selbstbewusstsein hatten.

Marc wollte sie dort packen, wo ihre wichtigste Motivation war: Sie wollten fabelhafte Produkte entwickeln. Und sie wollten viel Geld verdienen. Für beides brauchten sie Selbstbewusstsein.

Karl solle einfach nur zuhören, und auf der Rückfahrt könnten sie darüber sprechen. »Aber«, sagte Marc, »das ist wirklich ein High-End-Vortrag. Ganz hohes Niveau.«

Sie wurden in der Firma sehr respektvoll empfangen. Karl merkte, welch ungeheures Standing der Brain auch in dieser Weltfirma hatte.

Marc begann seinen Vortrag ohne große Einleitung mit einer Übung. Er bat seine Zuhörer, sich selbst mit Bleistift zu zeichnen. Sie hatten dafür zwei Minuten Zeit. Das musste kein Meisterwerk sein, aber sie sollten sich Mühe geben. Sein Publikum war ehrgeizig, und soweit Karl das erkennen konnte, machten sie sich alle an die Aufgabe.

Dann sagte Marc: »Und jetzt nehmt bitte die drei Farben, die wir für euch bereitgelegt haben. Schwarz, grün und orange. Bitte malt jeden Teil eures Körpers, der euch *nicht* gefällt, schwarz aus. Jeden Teil, den ihr als neutral betrachtet, also weder als besonders schön empfindet noch als besonders hässlich, den malt ihr grün aus. Und das, was euch an euch selbst wunderschön vorkommt, dass malt orange aus.«

Die Zuhörer lachten, aber sie machten sich an die Arbeit. Karl konnte es nicht fassen: fünfhundert Topmanager, High-End-Vortrag, und dann eine Aufgabe wie aus einem Malbuch ...

Als sie fertig waren, bat Marc seine Zuhörer, einzuschätzen, wie viel Prozent sie schwarz, grün und orange dargestellt hatten.

Die Mehrheit hatte den Hauptteil ihres Körpers mit Schwarz ausgemalt, sie mochten also das meiste an sich nicht, sondern fanden es hässlich. Den Rest hatten sie mehrheitlich jeweils zur Hälfte mit Grün und Orange ausgefüllt.

Marc erklärte, wie wichtig es ist, dass wir uns mögen. Uns so annehmen, wie wir sind. Und ja, dass wir uns auch schön finden. Das habe großen Einfluss darauf, wie produktiv wir in unserem Job sind – und wie viel wir verdienen.

Karl war beeindruckt. Er hatte die Übung auch gemacht – und sehr wenig Orange verwendet.

Marc fuhr fort. Er zeigte zwei wichtige Zahlen: »Firmen, die klare schriftliche Werte haben, machen durchschnittlich 700 Prozent mehr Profit in 25 Jahren als Firmen, die ihre Werte nicht notiert haben. Es ist also wichtig, dass wir uns unserer Werte bewusst sind. Als Individuum und als Firma. Auch das ist Selbstbewusstsein.

Und: Studien haben gezeigt, dass neun von zehn Menschen in bestimmten Situationen gerne mehr Selbstbewusstsein hätten.«

Karl beschloss, sich Notizen zu machen. Er hatte das lila Buch immer in seinem Rucksack. Er notierte:

> Einige sagen: Geld wächst auf den Bäumen. Und das stimmt. Denn die Bäume sind unsere Ideen. Geld erwächst aus Ideen.
> Solange es Menschen gibt, wird es Probleme geben. Und wer diese Probleme löst, wird reich.
> Je mehr Ideen du hast, umso mehr Probleme kannst du lösen.
> Selbstbewusstsein bedeutet in diesem Zusammenhang: Sei dir bewusst, du hast endlos viele Ideen.
> Deine schönsten Träume verkleiden sich als Probleme, die gelöst werden können. Du brauchst dafür nur Ideen.
> Ob du denkst, dass du ein Problem lösen kannst oder nicht: Du hast immer recht.

Schließlich kam Marc auf das Thema Geld zu sprechen: »Stell dir vor, du nutzt eine gute Idee und kannst ein Problem lösen, das einer Million Menschen hilft. Sagen wir, alle zahlen zehn Euro für dieses Produkt, das du dir ausgedacht hast. Wäre es da nicht vollkommen in Ordnung, wenn du davon einen Euro abbekommen würdest? Das sind dann eine Million Euro. Natürlich ist das in Ordnung, denn sonst würde deine Firma ja die zehn Millionen Umsatz nicht gemacht haben.«

So ging das etwa dreißig Minuten weiter. Marc betonte immer wieder den Zusammenhang zwischen Problemen, Ideen, Selbstbewusstsein und Erfüllung, Erfolg und Glück.

Am Ende fasste er zusammen: »Je mehr Selbstbewusstsein du hast, umso mehr Ideen hast du. Und umso eher erkennst du die guten Ideen. Je mehr gute Ideen du hast, umso mehr Probleme löst du. Je mehr Probleme du löst, umso mehr verdienst du. *Letztendlich werden wir immer dafür bezahlt, wie viele Probleme wir lösen können.* Dafür brauchen wir Selbstbewusstsein.«

Als Marc seinen Vortrag beendete, erhoben sich die fünfhundert Teilnehmer und klatschten lange Beifall. »Das muss ein tolles Gefühl sein«, dachte Karl. Er beobachtete Marc genau. Der schien den Beifall wirklich zu genießen, aber gleichzeitig wirkte er dankbar und demütig.

• • •

Auf der Rückfahrt kamen sie bald in einen nicht gemeldeten Stau. Marc sagte fröhlich: »Schau, schau, ein Stau. Jetzt haben wir viel Zeit, miteinander zu reden. Herrlich!«

Karl erinnerte sich, dass er früher einmal gedacht hatte, Marc sei vielleicht nicht ganz dicht. Aber je besser er ihn kennenlernte, umso größer war seine Bewunderung. Ja, Marc war eindeutig anders. Aber dieses Anderssein imponierte ihm sehr.

Karl hatte so viel Neues aufgenommen; er hätte gern darüber geredet: über seine Ängste, über den Vortrag, den er gerade gehört hatte, und vor allem über Michael. Wie konnte ein sterbenskranker zwölfjähriger Junge so cool sein – und so weise? Vielleicht würde er ja gar nicht sterben, hoffte er.

Aber Marc hatte etwas anderes im Sinn: »Ich glaube, deine Vorbereitung ist jetzt abgeschlossen. Jetzt können wir mit der *Umsetzung* anfangen.«

»Was für eine Vorbereitung?«

»Die mentale Vorbereitung, um dein Selbstbewusstsein aufzubauen«, antwortete Marc.

»Alles bisher war nur die Vorbereitung?« Karl konnte es nicht fassen. Er zählte auf: »Alles, was ich von dir und Anna gelernt habe, deine Sprüche auf WhatsApp, Don José in Mexiko, der Umgang mit meiner Familie, die wissenschaftlichen Hintergründe, Michael, der kranke Held, was du mir über Angst gesagt hast und der Vortrag über Selbstbewusstsein und Geld ... Das war *nur die Vorbereitung*?«

»Ja«, antwortete Marc. »Das war bisher alles die innere Vorbereitung. Wir haben erreicht, dass du jetzt in vielem anders denkst. Dein Mindset hat sich verändert.« Dann fuhr er bedeutungsvoll fort: »Jetzt bist du an dem Punkt, dass du eine Entscheidung triffst. Und dann kannst du alles auf die Straße bringen, was du gelernt hast.«

»Aber ich hab doch längst angefangen«, protestierte Karl.

»Nein, hast du nicht«, widersprach Marc. »Bis jetzt hat fast alles ausschließlich in deinem Kopf stattgefunden.«

»Ach ja?«, zweifelte Karl. »Und was ist mit meinen Eltern?«

»Auch das war zu 95 Prozent ausschließlich in deinem Kopf. Das Gespräch, das du mit ihnen geführt hast, war verhältnismäßig kurz. Der Rest waren innere Dialoge und Ängste, die exklusiv in deinem Kopf stattgefunden haben. Oder du hast darüber geredet, was in deinem Kopf vorgeht.«

»Aber ich hab mich entschieden, mein Jurastudium abzubrechen. Zählt das nicht?«, insistierte Karl.

»*Hast* du es beendet?«

Karl schüttelte den Kopf.

»Siehst du, bisher hat fast alles ausschließlich in deinem Kopf stattgefunden.«

Karl verstand auf einmal: Er war gar nicht mittendrin. Das war tatsächlich erst die Vorbereitung. Er hatte noch nicht wirklich etwas geändert in seinem Leben. Alles *nur* in seinem Inneren. Noch nichts umgesetzt. Die Erkenntnis machte ihn mutlos. Und das konnte man ihm ansehen.

»Du siehst nicht gerade fröhlich aus«, befand Marc.

»Es war ja alles nur in meinem Inneren«, sagte Karl verzweifelt. Marc widersprach: »Es war in deinem Inneren. Aber ›nur‹ ist das falsche Wort. Denn das Wichtigste sind unsere Gedanken. Alles in unserer äußeren Welt erschaffen wir durch unsere Gedanken. Wir werden immer genau das Leben haben, das wir uns zuerst erdacht haben. Wir verändern zuerst unsere innere Welt, und danach und dadurch verändern wir dann unsere äußere Welt.

Und das ist die gute Nachricht: *Wenn du jetzt eine bewusste Entscheidung triffst, Selbstbewusstsein aufzubauen, dann bist du schon fünfzig Prozent des Weges gegangen.*«

»Also war das sehr wichtig, was wir bisher gemacht haben«, sinnierte Karl.

»Ja, wenn du tatsächlich zu dem Versprechen stehst, das du Michael heute gegeben hast. Denn so eine ganz bewusste Entscheidung hat weitreichende Folgen.«

»Ja, ich bin mir sicher. Ich möchte mein Versprechen halten«, sagte Karl. »Und ich hab verstanden, dass ich nur dann Schauspieler werden kann, wenn ich mein Selbstbewusstsein erheblich steigere. Mit dem Selbstbewusstsein, das ich heute habe, werde ich niemals Schauspieler. Aber das möchte ich werden.«

»Möchtest du, willst du, oder *musst du und wirst du*? Das sind drei vollkommen unterschiedliche Dinge. Nur das Dritte garantiert Erfolg: Du musst und du wirst.«

»Du kannst ganz schön hartnäckig sein«, murmelte Karl. »Also gut, ich will und ich muss, weil ich es Michael versprochen habe. Ob es gelingt, kann ich nicht sagen.«

»Ein Versprechen ist nur dann ein Versprechen, wenn du zu dir selbst sagst: ich muss und ich werde«, erklärte Marc. »Und dafür brauchst du Gründe. Ich habe einen Vorschlag: Du sammelst jetzt alle Gründe, warum du definitiv Selbstbewusstsein aufbauen musst. Wenn du das tust, wirst du etwas Wundervolles bemerken. Du wirst plötzlich automatisch fühlen: *Ich werde!* Denke dabei an alle Aspekte, die dir in den letzten Tagen bewusst geworden sind. Wir haben ja jetzt viel Zeit im Stau.«

»Ich schreibe mir das am besten auf.« Karl holte das lila Journal aus seinem Rucksack. Seine Notizen würden ihm sicher helfen. Er dachte lange und gründlich nach. In Gedanken ging er alles durch, was er bisher mit Marc, Anna, Don José und Michael erlebt hatte. Immer, wenn ihm etwas Wichtiges einfiel, schrieb er es auf und las es Marc dann vor. Sie sprachen anschließend über jeden einzelnen Punkt:

Was ich über Selbstbewusstsein gelernt habe
- Nur wenn ich selbstbewusster werde, werde ich wissen: Ich kann das. Ich kann meinen Traumberuf wählen: Ich kann Schauspieler werden. Und ich kann dann mit den Problemen fertig werden, die ich bereits habe und die auf mich zukommen werden. Ich will mir selbst vertrauen können.
- Nur dann werde ich fühlen: Ich bin liebenswert; und nur wenn ich das fühle, wird meine Beziehung mit Anna funktionieren. Sie ist das Schönste in meinem Leben. Ich will mich selbst achten können.
- Nur dann kann ich mir meine Träume erfüllen. Nur dann wird mir bewusst: Das kann ich, und das mag ich, und das sind meine Träume. Und ich erkenne immer besser: So kann ich meine Träume erfüllen.

- Nur dann weiß ich, wer ich bin: Wenn ich genau weiß, was ich gut kann und was ich mag, dann lerne ich, wer ich wirklich bin. Dann erst kann ich mein Leben so ausrichten, wie es mir entspricht. Nur dann bin ich wirklich glücklich. Ich will mich selbst kennenlernen und verstehen.
- Wenn ich nicht selbstbewusst bin, dann lebe ich nach den Plänen anderer Menschen. Ich habe dann ständig Angst, nicht gut genug zu sein. Ich will kein angstgesteuertes Leben. Ich will mein eigenes Leben.
- Ich möchte gute Freunde haben, wie Marc, wie Michael und Don José. Das wird nur funktionieren, wenn ich selbstbewusst bin. Denn wenn ich mich auf meine Fehler konzentriere, fange ich auch an, Fehler bei meinen Freunden zu suchen. Das haben meine Freunde nicht verdient.
- Ich will herausfinden, wozu ich in der Lage bin. Anna und Marc sehen so viel mehr in mir, als ich das selbst tue ... Ich will es herausfinden.
- Ich finde es toll, wie positiv Marc ist. An allem entdeckt er etwas Schönes. Ich will auch so sein. Nur wenn ich mich selbst als schön und wertvoll erachte, sehe ich die Welt positiv.
- Und ich habe angefangen zu verstehen, dass ich mehr Geld verdiene, wenn ich selbstbewusst bin. Anna verdient so viel mehr als ich. Da kann es nicht schaden, wenn ich etwas nachziehe.
- Wenn ich eine gute Meinung über mich habe, weiß ich: Ich verdiene ein wundervolles Leben. Ich ziehe dann nur das Beste in mein Leben. Ich bin neugierig auf das, was so alles kommen wird. Ich weiß: Ich verdiene ein wundervolles Leben.

Marc lobte Karl immer wieder. Das waren sehr, sehr gute Gründe. Und es war so wichtig, dass er sie aufgeschrieben hatte. Dann fragte er: »Hast du dich entschieden?«

Karl dachte an den Spruch, der in Marcs Firma hing: »Der erste Schritt, um Selbstbewusstsein zu entwickeln: *Entscheide dich, es zu entwickeln.*«

»Ja«, sagte er. »Meine Entscheidung ist gefallen. Ich hab mich entschieden, mein Jurastudium zu beenden, und ich werde Schauspieler. Ich will glücklich sein und Anna glücklich machen. Ich will mein Versprechen halten, das ich Michael gegeben habe. Und dafür muss ich selbstbewusster werden.«

Er dachte einen Moment nach und lächelte: »Ja, ich werde selbstbewusst. Du hattest recht: Wenn ich mir meine Gründe schriftlich bewusst mache, dann fühle ich*: Ich muss und ich werde.*«

»Das ist ein feierlicher Moment«, sagte Marc. »Wenn wir nicht schon im Stau stehen würden, müsste ich jetzt anhalten, um dir zu gratulieren.« Er lachte fröhlich.

»Machst du dich über mich lustig?«, fragte Karl.

»Nein. Der Sinn meines beruflichen Lebens ist es, anderen zu helfen, selbstbewusster zu werden. Ich kann dir gar nicht sagen, wie sehr ich mich über deine Entscheidung freue. Denn jetzt beginnt für dich dein wahres Leben. Ich freue mich so für dich. Darum lache ich.«

Sie gaben sich die Hand. Karls Entscheidung war gefallen.

Nach einer Weile sagte Marc: »Du kannst stolz auf dich sein. Die allermeisten Menschen treffen niemals in ihrem Leben eine solche Entscheidung. Es ist dann so: Wer kein Selbstbewusstsein hat, versucht sich zu schützen, indem er keine Risiken eingeht. Stattdessen gebraucht er Ausreden. Ausreden sind Lügen, die wir uns selbst erzählen. Die größten Lügen sind: ›Ich kann nicht, ich bin nicht gut genug, ich bin nicht liebenswert.‹ Manche sagen auch: ›Ich will nicht.‹ Aber meist verbirgt sich dahinter der Glaube, es nicht zu können. Und weißt du, was für mich das Schlimmste an einem niedrigen Selbstbewusstsein ist?«

Karl schüttelte den Kopf.

»*Wenn ihr Selbstbild nicht gut ist, beschließen viele Menschen unbewusst, ihr Leben elend zu gestalten und sich auf diese Weise zu bestrafen.*«

»Warum sagst du mir das?«, fragte Karl.

»Damit du es dir aufschreibst. Denn ab morgen geht es richtig los. Dann ist es gut, wenn du diese Sätze immer wieder durchliest. Auch die Sprüche, die ich dir per WhatsApp schicke. Denn wenn es losgeht, dann passiert zweierlei: Es wird richtig anspruchsvoll. Und dann wird es wundervoll. Meistens in dieser Reihenfolge.«

»Ist das eine Warnung?«

»Und ob«, bestätigte Marc. »Aber du kannst das. Und du hast gute Freunde an deiner Seite, die fest an dich glauben und die dir helfen werden: Anna, Michael und mich.«

Dann zwinkerte Marc ihm zu und sagte: »Und unterschätze nicht die Kraft, die dir dieses lila Buch gibt.«

Teil II
DIE VERÄNDERUNG

7 AM SET

Als Karl am nächsten Tag das Studio betrat, hatte er ein eigenartiges Gefühl: Irgendetwas schien sich verändert zu haben. Er konnte sich aber nicht erklären, was das war. Klar, er war ein paar Tage nicht hier gewesen. Der Grund war einfach: Richard, der Star des Films, war erkrankt. In der Zeit hatte alles stillgestanden. Aber das war es nicht. Was war jetzt anders?

Er wurde nachdenklich. Denn heute Morgen hatte er eine WhatsApp von Marc bekommen, die ihn aufgewühlt hatte:

> Wenn du dich selbst liebst und respektierst, ist es unmöglich, dass du jemals anderen gestattest, dich respektlos und unwürdig zu behandeln.

Karl wusste inzwischen, dass Marc ihm Sprüche schickte, die er gerade brauchte ... Was hatte Marc jetzt mit dieser Weisheit im Sinn?

Kaum war er am Set, traf Karl auf Dogbart, den Regieassistenten. Alle nannten ihn nur Doggy. Der hatte niemals gute Laune und wirklich etwas von einem Hund. Aber von keinem sympathischen.

Doggy fuhr ihn an: »Da ist er ja endlich! Wie lange sollen wir denn noch warten? Hey, Lichtdouble, auf deinen Platz, zack, zack!«

»Laut Plan sollte ich um 8 Uhr hier sein, es ist 7.50 Uhr. Also alles gut. Außerdem heiße ich Karl.« Er war von seiner eigenen Antwort überrascht.

Doggy schaute ihn feindselig an. Seine Augen schienen aus ihren Höhlen heraustreten zu wollen. Er war selten um Worte verlegen. Es dauerte nur ein paar Sekunden, dann bellte er: »Willst du frech werden, Lichtdouble? Wir sind zeitlich echt zurück, weil Richard krank war. Darum haben wir heute früher angefangen. Ein Profi würde so etwas spüren. Aber du bist ja nur ein Lichtdouble. Und kein besonders gutes. Auf deinen Platz, LICHTDOUBLE.«

Karl spürte, dass er kurz davor war, seinen Job zu verlieren. Also schluckte er alles runter, was er nun gern geantwortet hätte. »Alles klar, Doggy«, murmelte er leise.

»Wie hast du mich gerade genannt, du Mistkäfer?«, zischte Doggy.

Wie konnte er das gehört haben, fragte sich Karl. Immerhin stand Doggy mittlerweile gut fünfzehn Meter entfernt. Das wurde jetzt wirklich unangenehm. Karl lenkte ein: »So nennt dich hier jeder. Alles gut.«

»Nichts ist gut«, schrie Doggy. »Und ich habe wenigstens einen Namen. Du bist nur ein Lichtdouble. Ein Platzhalter. Eine lebende Schaufensterpuppe. Ein Nichts.«

Karl stellte sich auf seinen Platz und versuchte, den Regieassistenten zu ignorieren, soweit es möglich war. Später sprach er mit seinen Kollegen, die das Licht aufbauten. Mit ihnen war er bisher immer gut klargekommen. Sie wussten, dass er in Mexiko gewesen war, und jetzt wollten sie alles darüber erfahren. Auch, wie er überhaupt die Möglichkeit bekommen hatte, dorthin zu fliegen. Karl erzählte von Marc, von Don José, von dessen Geschichte mit den zwei Bäumen, und er schwärmte von Anna. Warum auch nicht?

Auf einmal hörte er hinter sich die unangenehme Stimme von Doggy, der mitgehört hatte, ohne dass Karl es bemerkt hatte: »Unser Lichtdouble hat sich verliebt? Und die Frau sich in dich? Mein Gott, was muss das für eine Frau sein, die sich in dich verliebt … Ich kann mir vorstellen, wie die aussieht …« Er schnitt eine ziemlich hässliche Grimasse und lachte laut. Es war keine sympathische Lache.

Seit seiner Zeit im Kindergarten hatte Karl sich nicht mehr gerauft. Jetzt spürte er ein starkes Verlangen danach. Er ballte unmerklich die Fäuste. Wenn es gegen ihn persönlich ging, konnte er einigermaßen damit umgehen. Aber Anna anzugreifen? Das ging zu weit.

Doch als er sich umdrehte, war Doggy schon weg. Karl suchte die Unterstützung der fünf Kollegen, die sprachlos um ihn herumstanden: »Habt ihr das gehört?« Er kochte vor Wut.

Aber die anderen schauten nur betreten zu Boden. Karl insistierte: »Heute bin ich dran, morgen einer von euch. Der ist doch immer so. Wollen wir uns das gefallen lassen?«

Endlich schaute ihn einer der Lichtassistenten an: »Irgendwie hast du dich verändert, Karl.«

Ein zweiter stimmte zu: »Ja, wir erkennen dich kaum wieder. Als wenn du da in Mexiko irgendwelche komischen Pilze gegessen hättest. Doggy ist vielleicht nicht ganz easy, aber er hat hier viel zu sagen. Das hast du früher akzeptiert.«

Karl konnte es nicht fassen. Wie feige waren die denn? Er sagte: »Andere behandeln uns so, wie wir es zulassen. Wenn wir uns selbst respektieren, lassen wir nicht zu, dass andere uns respektlos behandeln.«

Seine fünf Kollegen schüttelten die Köpfe, und einer nach dem anderen entfernte sich. Auch Gerhard, der Lichtassistent, mit dem er sich angefreundet hatte.

• • •

In der Pause trank Karl einen Kaffee in der Cafeteria, als Gerhard den Raum betrat. Der schaute sich vorsichtig um, und als er bemerkte, dass sie allein waren, ging er zu Karl: »Du sollst nur wissen, dass ich dich verstehe.«

»Und warum hast du das nicht eben gesagt, als die anderen dabei waren?«, wollte Karl wissen.

Gerhard schaute betreten auf die Tischplatte vor sich und antwortete: »Ich will hier weiterarbeiten …« Rasch stand er auf und verließ die Cafeteria.

Auf einmal fühlte sich Karl sehr allein. Verstand ihn denn niemand? Hatte er sich wirklich dermaßen verändert? Eine wichtige Frage schoss ihm durch den Kopf: »Ist es das alles wert?« Die alten Probleme hatte er ja noch, und zusätzlich hatte er jetzt neue. »Der Weg zu mehr Selbstbewusstsein ist ein wirklich blöder Weg«, dachte er. »Nichts als Probleme …«

Sein Handy meldete den Eingang einer WhatsApp. Sicher von Marc. Aber sie war von Michael:

> Das Ding in meinem Kopf drückt heute ziemlich stark. Tut nicht weh, aber ich kann kaum etwas machen. Du musst dich beeilen. Ich glaube fest an dich!

Karl bekam feuchte Augen. So ein tapferer Junge. Und hier saß er und tat sich selbst leid, weil ihn irgendjemand nicht fair behandelte. »Verdammt«, dachte er, »ich will härter werden.« Er schrieb zurück:

> Ich bewundere dich. Du kannst dich auf mich verlassen!

Er spürte erneut: Dieser kranke Junge setzte in ihm eine Kraft frei, die er für sich selbst noch nicht gesammelt hatte. Er bemerkte, wie unfair er die Situation eingeschätzt hatte. Schließlich hatte er so viele tolle Menschen kennengelernt: Don José und Marc! Er dachte: »Was für ein unfassbar cooler Typ ist Marc! Wenn ich so einen Vater gehabt hätte ...« Jedenfalls war eindeutig nicht alles schlechter geworden.

Und da war ja auch Anna. Er schämte sich erneut. Anna! Er hatte doch tatsächlich eben gedacht, alles sei noch schlimmer geworden in seinem Leben. Dabei war er erst vor wenigen Tagen mit dieser wunderbaren Frau zusammengekommen, die seine kühnsten Träume weit übertraf. Und die ihn liebte, das wusste er, auch wenn er es nicht wirklich verstand. Er musste lächeln.

Die Arbeit am Set zog sich sehr in die Länge. Richard, der Star, brauchte immer wieder Pausen. Er war gesundheitlich noch ziemlich angeschlagen. Während des Drehs redeten seine Kollegen nur dann mit Karl, wenn es unbedingt notwendig war. Das war nicht wirklich schön. Aber es machte ihm auf einmal nicht mehr so viel aus. Sie überzogen drei Stunden, dann war endlich Schluss. Karl checkte sein Handy und las eine WhatsApp von Marc:

> Unser Job ist eine Reflexion unseres Selbstwerts.
> Das ist der Wert, den wir denken, der Welt zu geben.
> Die Menschen um dich herum reflektieren nur,
> was du glaubst zu verdienen.

»Dann ist mein Selbstbewusstsein nicht besonders hoch«, lachte Karl grimmig.

• • •

Später traf er Anna und erzählte ihr von seinem Tag. Sein Fazit war: »Mir wird langsam klar, was Marc meinte, als er sagte: ›Es wird richtig anspruchsvoll.‹« Dann beschlich ihn eine dunkle Ahnung, und er fügte hinzu: »Und ich fürchte, das ist erst der Anfang …«

Anna nahm ihn in den Arm und sagte: »Du hast gute Freunde. Und du hast mich an deiner Seite.«

»Ich hab heute gemerkt, wie wichtig das ist«, bestätigte Karl. »Ich musste nur an dich denken – und an Marc, und auf einmal hab ich gespürt, dass in meinem Leben auch vieles besser geworden ist. Und dann ist da Michael!« Er berichtete ihr von der Kraft, die von Michaels WhatsApp ausgegangen war.

»Michael ist ein Held«, sagte Anna beeindruckt. »Ich weiß nicht, wie viel Kraft ich in solch einer Situation hätte. Ich kann sehr viel von ihm lernen.«

Versonnen fragte Karl: »Wie kann es sein, dass ein Junge so weise ist? Woher hat er diese Kraft?«

»Das habe ich Marc auch gefragt, als ich Michael kennenlernte«, antwortete Anna. »Er hat mir dann eine Geschichte von Kleist erzählt.

Herr C., ein hervorragender Bühnentänzer und Degenfechter, machte eine Reise durch Russland. Dort besuchte er einen Edelmann, dessen Söhne sich im Fechten übten. Einer der beiden forderte ihn heraus. Er musste aber schnell einsehen, dass er Herrn C. hoffnungslos unterlegen war. Also brachte er den Fechtmeister zu einem Bären, der auf dem Landgut lebte. Der Bär galt als unbesiegbar. Herr C. könne sich mit dem Tier im Kampf messen. Es sei ein ebenbürtiger Partner für ihn.

Der Degenfechter war ein Meister der Finte. Das war seine Strategie, darin war er unglaublich geschickt. Er nahm den Kampf mit dem Bären also auf. Aber der Bär fiel nicht auf ihn herein. Wenn Herr C. einen Stich nur antäuschte, reagierte der Bär gar nicht. Aber wenn Herr C. wirklich zustach, wehrte sich das Tier lässig mit einem einzigen kleinen Hieb seiner Tatze. Das ging eine Weile so. Schließlich gab Herr C. entnervt auf.

Warum der Bär das kann? Es ist sein Instinkt. Der Bär ist im Einklang mit seiner Natur. Mit seinem wahren Selbst. Aber die Menschen haben diesen Instinkt verloren. Sie haben ihr Paradies verloren.«

»Das erinnert mich an die Geschichte mit den zwei Bäumen im Paradies«, warf Karl ein.

»Ja«, lächelte Anna. »Und auch hier gibt es ein Happy End. Kleist sagt sinngemäß:

Die meisten von uns haben das Paradies verloren. Aber es gibt einen Weg zurück. Dieser Weg ist anstrengend, wir müssen üben, aber wir können zurückkommen ins Paradies. Das ist der Weg der Weisheit.«

»Dazu müssen wir dann auf den zweiten Baum hören, wie Don José das nennt«, sinnierte Karl. »Du meinst also, Michael hat das Paradies nie verlassen. Er hat nie auf den Baum mit der giftigen Schlange gehört. Er ist im Einklang mit seiner wahren Natur; und darum ist er so stark. Kann es so etwas geben?«

»Ich weiß es nicht«, antwortete Anna. »Marc glaubt das, und ich denke auch, das könnte die Antwort auf deine Frage sein.«

»Das muss ja ein wahnsinnig tolles Gefühl sein.« Karl bekam auf einmal eine tiefere Vorstellung davon, was Marc und

Anna meinten, wenn sie davon sprachen, sich bewusst zu sein, wer wir wirklich sind.

Anna schien seine Gedanken zu erahnen. Sie sagte: »Bis jetzt waren die drei Fragen ziemlich abstrakt: Kann ich das? Bin ich liebenswert? Wer bin ich? Jetzt erlebst du, wie wichtig diese Fragen in der Praxis sind.«

»Und ich verstehe, was Marc mir erklärt hat: Wie wichtig es ist, mich mit Menschen zu umgeben, die an mich glauben.« Karl blätterte in seinem lila Buch. Er hatte alle WhatsApp von Marc da hineingeschrieben. Er fand die Stelle:

Verbringe deine Zeit mit Menschen, die dich bedingungslos lieben. Und nicht mit denjenigen, die dich nur »lieben«, wenn du ihre Bedingungen erfüllst.

»Ja«, pflichtete Anna ihm bei. »Alles andere kostet unendlich viel Kraft. Bei mir ist es heute so, dass ich mich nur mit solchen Menschen umgebe.«

»Dann dürfte ich nicht mehr in mein Filmstudio zurückgehen«, sinnierte Karl. »Da liebt mich jetzt wirklich keiner.«

Anna widersprach: »Doch, denn im Moment hast du dieses ideale Arbeitsumfeld noch nicht. Du musst es dir schaffen. Ich weiß, du kannst das. Und so lange musst du einfach lernen, die Situation auszuhalten. Auch das kannst du.«

»Ist das nicht ein Widerspruch?«, zweifelte Karl. »Zuerst sagst du, wir sollen uns nur mit denen umgeben, die wir lieben, und jetzt soll ich irgendwelche Idioten aushalten.«

»Ich verstehe, was du meinst«, nickte Anna, die wohl nichts aus der Ruhe bringen konnte. »Es wird immer Situationen geben, in denen wir mit irgendwelchen Leuten klarkommen müssen. Dann können wir nicht einfach davonlaufen. Aber die dauerhaften Beziehungen unseres Lebens, die sollten wir so wählen, dass sie uns guttun. Doch du wirst sehen, dass du mit steigendem Selbstbewusstsein immer mehr die Leute in dein Leben ziehst, die dir guttun. Je selbstbewusster du bist, umso leichter kommst du auch mit den anderen klar. Also die, mit denen du eben manchmal klarkommen musst.«

»Klarkommen müssen ... Das ist leicht gesagt. Aber wie schaffe ich das?«

»Durch eine Übung«, antwortete Anna. »Und du hast einen riesengroßen Vorteil: Marc. Es gibt auf diesem Planeten niemanden, der dir das besser erklären könnte.«

»Du bewunderst ihn wirklich sehr«, staunte Karl.

»Absolut, er ist wie ein Vater für mich.«

»Das hab ich heute auch gedacht«, lächelte Karl. »Ich bin morgen zum Abendessen mit ihm verabredet.«

»Dann bitte ihn, dir die Übung und die vier entscheidenden Schritte zu erklären«, empfahl Anna.

»Die hat Marc mir schon genannt. Aber ich hab sie nicht wirklich verstanden«, unterbrach Karl sie. »Du hast recht, ich werde ihn bitten, sie mir zu erklären.«

»Marc will uns sein Wissen nicht aufdrängen. Er wartet manchmal darauf, dass wir ihn auffordern, uns etwas zu erklären. Und glaub mir: Es ist wichtig, die vier Schritte zu verstehen. Aber viel wichtiger ist es noch, sie dann in dein Leben einzubauen. Oder wie Marc sagt: sie ›auf die Straße zu bringen‹. Es gibt eine einfache Übung, mit der du dein Selbstbewusstsein immer weiter aufbauen kannst. Ich kann gar nicht genug von dieser Übung schwärmen. Durch sie habe ich in meinem Leben alles verändert. Ich weiß fast immer: Ich kann das. Ich bin liebenswert. Und mir ist bewusst, wer ich bin.«

»Alles nur durch eine einzige Übung?«, staunte Karl.

»Eigentlich sind es zwei: Die erste Übung kennst du schon, das ist die Spiegel-Übung. Hast du sie eigentlich heute Morgen gemacht?«

»Willst du mich kontrollieren?«

»Nein, ich liebe dich, und ich will dir helfen.«

»Sorry«, sagte Karl. »Ich fühle mich leicht angegriffen. Wohl mein Selbstwert … Nein, ich hab heute Morgen zu lange geschlafen und es dann nicht mehr geschafft.«

»Das ging mir am Anfang auch oft so. Marc sagt dazu: ›Das ist der Unterschied zwischen einfach und leicht. Es ist zwar einfach zu verstehen, aber nicht leicht, es wirklich jeden Tag durchzuziehen.‹ Das schaffen wir am besten, indem wir ein festes Ritual einrichten. Es ist mehr als eine Übung für mich. Es ist zu einem festen Ritual geworden.«

»Was ist der Unterschied?«, wollte Karl wissen.

»Ein Ritual ist etwas, was ich regelmäßig tue. Und ich tue es so gerne, dass ich nicht darauf verzichten will. So wie die Spiegel-Übung. Die mache ich morgens als Erstes, wenn ich aufstehe. Wenn ich es nicht tue, fühle ich mich nicht wohl. Also aufstehen, Zähne putzen, Spiegel-Übung. Ich glaube fest an die Kraft von Ritualen.«

Karl erneuerte vor sich selbst sein Versprechen, das er Don José gegeben hatte: Von jetzt an würde er mit der Spiegel-Übung seinen Tag beginnen. Aufstehen, Zähne putzen, Spiegel-Übung.

Später, kurz vor dem Einschlafen murmelte er: »Jetzt verstehe ich es … ein Ritual ist etwas, das ich immer wieder und sehr, sehr gern tue.«

• • •

Der nächste Tag am Set war wieder schwierig. Karl hatte sich tatsächlich verändert, jetzt spürte er das. Wenn ihm etwas nicht gefiel, konnte er das schwerer verbergen. Er war sich nicht sicher, ob die Spiegel-Übung da wirklich half.

Richard, der Star des Films, kränkelte immer wieder. Aber mit ihm machte Karl die Arbeit Spaß. Auch weil er wusste, dass Richard ihn schätzte. Ihr Verhältnis war immer besser geworden. Richard hatte inzwischen erfahren, dass Karl das Drehbuch komplett auswendig konnte. Das hatte er in seiner Karriere noch nie bei einem Lichtdouble erlebt. Er lobte Karl ausdrücklich dafür und fragte ihn inzwischen manchmal: »Wie würdest du das spielen?« Das empfand Karl als riesengroße Wertschätzung.

Wenn es Richard zwischendurch nicht so gut ging, vergaß er schon mal seinen Text. Er bat dann Karl, ihm die Szene vorzuspielen – natürlich unsichtbar für die Kameras. Das machte Karl besonders viel Spaß. Aber es stärkte nicht gerade die Sympathie seiner Kollegen für ihn. Doggy warf ihm unentwegt hasserfüllte Blicke zu.

Auch die anderen Schauspieler unterhielten sich nun mit Karl. Das war bisher undenkbar gewesen. Und in einer Pause redete plötzlich Gustavo mit ihm, der leitende Kameramann. Es fühlte sich ganz natürlich an. »Ein wirklich netter Typ«, dachte Karl.

• • •

Nach einem langen Arbeitstag traf er Marc zum Essen. Wie immer freute der sich, ihn zu sehen; und Karl empfand inzwischen die gleiche Freude. Es war das erste Mal, dass sie in »ihrem« Restaurant zu Abend aßen. So war Karl überrascht, dass es um diese Uhrzeit eine Speisekarte gab.

Als die beiden in die Karte schauten, sagte Marc: »Wir können viel mehr entscheiden, als wir wahrhaben wollen. Wir können entscheiden, in welches Restaurant wir gehen, und jetzt, welches Gericht wir wählen. Genauso können wir fast immer entscheiden, wie wir handeln. Und vor allem können wir entscheiden, was und wie wir denken.«

Karl spürte, dass dies eine Einleitung zu etwas Wichtigem war. Er sagte: »Ja, ich erinnere mich an den Film. Ich bin der Programmierer und nicht das Programmierte.«

Sie bestellten ihr Essen, und Marc fuhr fort: »Es geht um unsere mentale Fitness. Du kannst dir dazu drei Linien vorstellen – mit jeweils hundert Maßeinheiten. Die erste Linie: Kann ich das? Die zweite: Bin ich liebenswert? Und die dritte: Weiß ich, wer ich bin?«

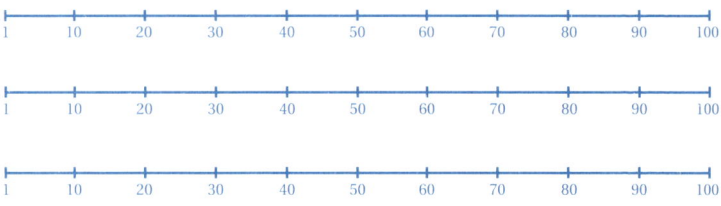

Marc malte drei Linien auf ein Stück Papier und skizzierte dazu die Maßeinheiten. Dann erklärte er: »Je höher die Zahl ist, die du ankreuzen kannst, umso größer ist deine mentale Fitness. Die Kunst ist es, unsere mentale Fitness zu steigern. So wie wir einen Muskel trainieren, können wir auch unser Gehirn trainieren.«

»Ja, der Film in deiner Firma«, wiederholte Karl für sich. »Er war für mich nicht ganz leicht zu verstehen. Obwohl er super gemacht war. Aber mit den zusätzlichen Bildern von Anna ging es dann ganz gut. Ehrlich gesagt, weiß ich nicht mehr viel von dem Film. Aber Annas Bilder hab ich noch im

Kopf: Ich kann auf alles mit einem Fernglas schauen. Wenn ich durch die eine Seite des Glases blicke, wird alles vergrößert. Aber wenn ich das Glas umdrehe und dann hindurchsehe, wird alles kleiner.

Und das andere Bild: die schwarze Schrift auf dem weißen Blatt Papier. Wir konzentrieren uns auf die relativ geringe Menge Schwarz, statt auf das viele Weiß. Wir fokussieren uns auf wenige Fehler, statt auf viele Erfolge.«

»Ja, das sind super Bilder«, bestätigte Marc. »Genau darum geht es: dass wir uns auf unsere Erfolge und auf unsere Stärken konzentrieren. Und dass wir die dann nicht kleiner machen, sondern vergrößern.

Wenn uns das gelingt, steigern wir unsere emotionale Fitness auf allen drei Linien. Und jetzt kommt's: Es gibt eine Übung, mit der du das gleichzeitig machen kannst. Du erhältst dann gewissermaßen drei Gefühle in einem. Du fühlst: Du kannst etwas besser. Du bist liebenswerter. Du weißt ein Stück mehr, wer du wirklich bist.«

»Also, auf die Übung bin ich gespannt«, staunte Karl.

»Ich erkläre sie dir sofort.« Marc freute sich über Karls Interesse. »Aber lass uns zuerst die vier Schritte wiederholen. Erinnerst du dich noch an sie?«

Karl schüttelte resigniert den Kopf. »Ich weiß, sie waren ganz einfach und logisch. Aber ich kann mir so was Abstraktes einfach nicht merken; da hab ich wirklich eine Schwäche. Ich brauche Beispiele, dann vergesse ich es nicht.«

»Super, dass du das so offen ansprichst«, erwiderte Marc. »Weißt du, bei mir ist es umgekehrt. Ich kann mir Bilder nicht so gut ausdenken und auch nicht so gut behalten. Bei mir bleibt das Abstrakte automatisch im Gedächtnis. Aber dass ich Bilder nicht so gut speichere, ist keine Schwäche. Das ist nur eine Stärke, die ich nicht habe.«

»Wo ist da der Unterschied? Schließlich kann man es doch nicht …«

»Das ist die Sache mit dem Fernglas«, erklärte Marc. »Wenn ich etwas, was ich nicht kann, als Schwäche sehe, gebe ich dem eine unnötig negative Bedeutung. Und ich meine, auch eine falsche. Wenn ich hingegen sage: Das ist nur eine Stärke, die ich nicht habe … Dann ist das kein Problem.

Deswegen ist es wohl auch ganz gut, dass du kein Anwalt wirst. Denn Juristen müssen häufig sehr abstrakt denken. Als Schauspieler brauchst du das nicht. Hier ist es wichtig, dass du Bilder verstehst und transportieren kannst. Und das ist eine ausgesprochene Stärke von dir.

Es ist wichtig, dass wir uns einen Beruf aussuchen, in dem unsere Stärken zählen. Es ist sogar so, dass unsere Stärken uns gewissermaßen rufen. Deswegen spricht man auch von Be-RUF-ung. Unsere Stärken zeigen uns den Weg zu unserer Leidenschaft.«

»So hab ich das noch gar nicht gesehen«, sagte Karl nachdenklich.

»Lass uns über die vier Schritte sprechen, dann wird es noch klarer«, schlug Marc vor.

»Okay«, sagte Karl. Aber vielleicht kannst du es mir so erklären, wie Anna es täte. Du weißt schon, in Bildern.«

Marc lachte. »Sie kann das wirklich gut. Und natürlich nutze ich ihr Bild hier.«

Jetzt musste auch Karl lachen. »Dann freue ich mich sehr auf den Unterricht.«

»Fangen wir an: Der erste Schritt: Wir werden uns klar darüber, welche Erfahrungen wir machen. Schritt zwei: Wir bewerten diese Erfahrungen. Schritt drei: Wir speichern die positiven Erfahrungen. Und Schritt vier: Wir müssen sie abrufen können, wenn wir sie brauchen.«

»Anna, bitte übernehmen!« Karl hatte erneut das Gefühl, alles zu verstehen, aber irgendwie kam die Botschaft nicht richtig bei ihm an.

»Schade«, neckte ihn Marc. »Ich wollte eigentlich zuerst einen langen theoretischen Vortrag anschließen. Okay, ich will dich nicht länger hinhalten. Annas Bild ist wirklich sensationell gut: Sie vergleicht die vier Schritte mit einem Fotoalbum. Wir wollen schöne und besondere Momente festhalten. Momente, mit denen wir bestimmte positive Gefühle verbinden, darum legen wir ein Album an. Wenn es uns gelingt, unsere Erinnerungen ähnlich zu managen wie Fotos, dann steigern wir die Kontrolle über unsere Gedanken. Wir werden mental immer fitter.

Wenn du etwas siehst, was du behalten willst, machst du ein Foto. Du willst es verewigen. Das ist der erste Schritt. Du machst dir bewusst: Daran will ich mich erinnern.«

»Bewerten bedeutet dann, ich überlege, ob mir das Foto gefällt?«, fiel ihm Karl ins Wort.

»Klar, was uns nicht gefällt, kleben wir nicht ins Album. Aber jetzt kommt auch das Fernglas ins Spiel: Entscheidend ist, durch welche Seite wir auf das Foto schauen. Ist unser Mindset fröhlich, finden wir ein Foto automatisch schöner. Sind wir gerade eher traurig, empfinden wir ein Foto als weniger schön.«

»Ich bin mir nicht sicher, ob ich das verstehe ...«

»Das ist der einzige Punkt, den auch Anna nicht perfekt erklären kann. Ich glaube, das musst du erfahren«, sagte Marc. »Wenn du diese Übung machst, die ich gleich vorschlage, dann wirst du es erleben. Und es wird dein Leben verändern.«

»Ich bin schon neugierig auf diese sagenhafte Übung.«

Marc lachte. »Kommt sofort. Denk daran, was Don José

sagte: ›Der einzige Weg, um glücklich zu sein: Wir schaffen eine neue Geschichte über uns.‹ Durch das Fotoalbum und die Übung dazu, schaffst du deine neue Geschichte automatisch.«

»Die Spannung wächst«, drängte Karl vorsichtig.

»Klar, du willst die letzten beiden Schritte verstehen …«, neckte ihn Marc. »Aber die sind wirklich wichtig: Abspeichern bedeutet, du klebst die besten Fotos in dein Album. Und mit abrufbar ist gemeint: Du kannst jederzeit die Fotos anschauen, wenn dir danach ist.

Genauso können wir unsere Erinnerungen managen – und dafür gibt es eine Übung. Die ist so einfach, dass man ihr keine gewaltige Wirkung zutraut. Aber ich sage dir, sie hat unzählige Wunder bewirkt. Und sie wird auch in deinem Leben Wunder bewirken.«

Karl platzte jetzt fast vor Neugier.

Marc erklärte: »Du nimmst ein leeres Journal und notierst darin jeden Tag deine Erfolge. Ich nenne es ERFOLGS-JOURNAL. Wenn du das drei Monate lang machst, wird sich in deinem Leben sehr viel verändern. Du wirst in dieser Zeit dein Selbstbewusstsein ungefähr verdoppeln.«

Karl schaute Marc ziemlich enttäuscht an. »Und das soll ein *Wunder* bewirken? Klingt nicht wirklich spektakulär.«

»Das verstehe ich gut«, antwortete Marc. »Ich gebe dir ein Beispiel: Angenommen, du fährst für zwanzig Tage in den Urlaub. An zehn Tagen regnet es, und an zehn Tagen scheint die Sonne. Die meisten Menschen werden jetzt sagen: Der halbe Urlaub war verregnet. Einige werden sagen: Die Hälfte des Urlaubs hatten wir Sonne. Aber stell dir vor, du machst nur Fotos, wenn die Sonne scheint. Und du legst ein Album über diesen Urlaub an. Jeder Betrachter wird denken: Die hatten nur tolles Wetter.«

»Das ist doch hochgradig unehrlich«, empörte sich Karl. »Schließlich hat es zehn Tage geregnet.«

»Auf den ersten Blick hast du recht«, nickte Marc. »Aber was, wenn es an den zehn Regentagen jeweils nur ein bis zwei Stunden geregnet hat? Den Rest der Zeit war es leicht bewölkt oder sogar sonnig ... Was ich sagen möchte: Was wir erleben, ist mehr eine Frage der Interpretation als eine Frage der Realität.«

»Ja, ja, Einstein. Es gibt keine objektive Realität«, knurrte Karl. »Deswegen halte ich es trotzdem irgendwie für unehrlich.«

»Du wirst den Urlaub nie genauso wiedergeben, wie er war. Vielmehr schaust du immer durch die eine oder durch die andere Seite des Fernglases. Das hat damit zu tun, dass wir Erinnerungen gar nicht allein abspeichern. Das, was uns wirklich im Gedächtnis bleibt, sind die Emotionen, die wir mit einer Erinnerung verbinden. Die speichern wir ab.«

»Hast du ein Bild dafür?«, bat Karl.

»Ja, stell dir einen Tisch vor. Siehst du einen Tisch? Das ist eine un-emotionale Erinnerung. Und jetzt stell dir vor, du sitzt mit dem Menschen am Tisch, den du liebst. Ein romantisches Essen, Kerzen, Musik ... Wie ist die Erinnerung jetzt?«

»Viel stärker! Und rate mal, mit wem ich mich da sitzen sehe ...!«

»Und jetzt stell dir vor, ihr sitzt wieder an diesem Tisch, und ihr streitet euch. Woran erinnerst du dich jetzt? Mit welchen Emotionen verbindest du nun diesen Tisch?«

»Aha«, sagte Karl. »Ich verstehe. Es kommt immer drauf an ...«

»Ganz genau. Und jetzt folgt das Wichtige: Du hast die Wahl, welche Emotion du im Nachhinein mit einer Erinnerung verbindest. Das bedeutet *bewerten*. Es gibt da eine positive Spirale: Je positiver du die Erlebnisse deines Lebens im Nachhinein bewertest, umso besser fühlst du dich. Und je besser du dich fühlst, umso besser bewertest du deine Erinnerungen. Und umso mehr Selbstbewusstsein hast du. Du fühlst dich dann selbstbewusst.«

»Dann ist Selbstbewusstsein eine Emotion?«, fragte Karl.

»Das hast du richtig erkannt«, antwortete Marc. Er blickte den jungen Mann stolz an. »Selbstbewusstsein ist eine Emotion. Und Selbstbewusstsein entsteht durch die positiven Gefühle, die du abspeicherst. Genau dabei hilft dir die magische Übung: Die Emotionen zu stärken, die du in deinem Leben haben willst.«

»Aber es bleibt ein bisschen das Gefühl, dass es nicht ehrlich ist.«

»Ich könnte dir die logische Antwort geben: dass es keine objektive Realität gibt. Aber lass mich dir lieber eine Geschichte erzählen:

Vor langer Zeit, als es noch keine Spiegel gab, ging ein junger Mann an einen See. Dort schaute er auf die absolut ruhige Wasseroberfläche; zum ersten Mal in seinem Leben sah er sein Gesicht. Was er sah, versetzte ihm einen großen Schrecken. Er kam sich selbst unglaublich hässlich vor. So hässlich, dass er meinte, nie eine Frau finden zu können. Er fing bitterlich an zu weinen.

Da erschien ihm eine gute Fee und fragte ihn, warum er denn so arg weine. Der junge Mann erklärte es ihr. Das rührte die Fee sehr. Darum zauberte sie eine Maske für ihn. Der junge Mann solle diese Maske aufziehen, und fortan wäre er wunderschön. Niemand würde es jemals bemerken.

›Aber‹, sagte die gute Fee, ›du darfst diese Maske niemals

abnehmen, und du darfst auch niemals jemandem von ihr erzählen.‹

Das versprach der junge Mann gern. Er setzte die Maske auf und war fortan wunderschön. Bald verbreitete sich die Kunde im Land, was für ein schöner, kluger und guter Mann er sei. Viele junge Frauen warfen ihm begehrliche Blicke zu.

Da sah der junge Mann seine Traumfrau. Er verliebte sich sofort in sie und sie sich in ihn. Bald verlobten sie sich.

Aber kurz vor der Hochzeit überkam ihn das schlechte Gewissen: Ich täusche sie ja, sie weiß gar nicht, wer ich in Wahrheit bin. Er konnte sein Versprechen nicht halten, und er ging zu seiner Verlobten: ›Ich muss dir etwas sagen …‹ Er erklärte ihr, dass er eine Maske trage. Er schlug vor: ›Ich nehme jetzt diese Maske ab, und dann siehst du, wie ich wirklich bin.‹

Seine Verlobte war einverstanden, und er nahm die Maske ab. Sie starrte ihn eine ganze Zeit lang an. Dann sagte sie: ›Ja, aber … du, du siehst doch genauso aus, wie mit der Maske.‹

Er hatte sich verändert. Er war zu der Maske geworden.«

»Eine schöne Geschichte«, sagte Karl. »Ich glaube, viele Menschen hätten gern eine solche Maske. So wie ich gern stärker wäre.«

»Es gibt eine solche Maske für jeden von uns«, sagte Marc. »Nur dürfen wir nicht auf die gute Fee warten. Sondern wir schaffen uns diese Maske selbst. Und das tun wir durch die magische Übung.«

Karl erinnerte sich an den Film, den er in Marcs Firma gesehen hatte: »Dann ist es gar nicht unehrlich. Sondern ich beschließe, mich neu zu programmieren.«

»Genauso ist es.« Marc freute sich über Karls Erkenntnis. »Du bist der Programmierer. Nicht das Programm. Und mit dem Erfolgs-Journal programmierst du dich so, wie du sein willst. Jetzt gibt es eine schlechte und eine gute Nachricht. Die schlechte: Unser Gehirn ist gerne faul. Darum hat es Freude, wenn die Dinge automatisch laufen. Wenn du etwas veränderst, zum Beispiel deine Programmierung, brauchst du dafür Energie, es ist anstrengend. Das mag das Gehirn nicht. Es wehrt sich sogar dagegen. Darum sind Veränderungen gar nicht so leicht. Zumindest am Anfang nicht.

Jetzt die gute Nachricht: Aber wenn du eine neue Gewohnheit geschaffen hast, dann wird dein Gehirn auch diese Gewohnheit verteidigen, also auch die neue Programmierung verteidigen. Du musst sie nur erst einmal schaffen. Und eine neue Gewohnheit eignest du dir am besten an, indem du aus der Anstrengung ein Ritual machst. Oder, um es mit den Worten von Don José zu sagen: ›Der Himmel steht uns offen. Wenn wir ihn nicht betreten, dann deshalb, weil wir uns für unwürdig halten.‹

Es ist wirklich so: Das Einzige, was zwischen dir und deinem Glück steht, ist deine Geschichte über dich selbst. Mit dem Erfolgs-Journal schreibst du deine Geschichte neu. Du schreibst sie mit Liebe. Mit Liebe zu dir.«

• • •

Karl hatte ein neues Ritual: Er notierte von da an jeden Morgen mindestens fünf Erfolge. Damit tat er sich anfangs sehr schwer. Aber Marc und Anna halfen ihm, jeder auf seine Weise. Sie zeigten ihm, dass auch kleine Erfolge gut waren.

Karl ging anfangs zu kritisch mit sich um. Zu viele Dinge, die er gut machte, konnte er gar nicht als Erfolge erkennen. Er sah sie als selbstverständlich an. »So bin ich eben«, dachte er.

Marc erklärte ihm, dass er jeden Tag mehrere Tausend Dinge tat. Und dass es unmöglich sei, dass er unter diesen mehreren Tausend Dingen nicht wenigstens fünf erfolgreich machte. So hatte Karl das noch gar nicht gesehen. Er durchdachte jetzt seinen Tag chronologisch und sah, dass er sehr viele Dinge gut machte. Er hatte sie zuvor nur nicht als Erfolg bewertet. Und nach und nach akzeptierte er immer mehr, dass er wirklich gute Fähigkeiten hatte, die er auch nutzte. Er konnte sich Drehbuchdialoge sehr schnell einprägen. Er hatte vieles gelernt, obwohl es niemand von ihm verlangte. Er konnte Drehbücher rasch in ein sehr gutes Schauspiel umsetzen. Er konnte Bilder in einen Film verwandeln.

Richard, der Star, schätzte ihn über alle Maßen. Gustavo, der leitende Kameramann, besprach sich immer öfter mit ihm. Karl saß nun häufiger mit den anderen Schauspielern beim Essen zusammen.

Er hatte seine Entscheidung umgesetzt und sein Studium abgebrochen. Er arrangierte sich mit der Situation am Set. Er trug zu Annas Glück bei. Marc war stolz auf ihn – und er war sein Freund geworden. Und auch Michael, der kleine Held, glaubte stark an ihn.

• • •

Karl hatte nämlich noch eine neue Gewohnheit: Er besuchte Michael regelmäßig. Dessen Gesundheitszustand schwankte stark. An manchen Tagen konnte Michael sehr wenig tun, an anderen wirkte er fast gesund. Aber der kleine Held war immer gut drauf, wenn Karl zu ihm kam.

Zwischen den beiden war eine Freundschaft entstanden.

Manchmal alberten sie nur herum, andere Male führten sie gute Gespräche. Karl konnte viel von Michael lernen. Da er immer noch nicht wusste, wer er war, fragte er einfach: »Wer bin ich in deinen Augen?«

»Ist doch klaro, du bist Schauspieler. Mann, Alter, manchmal stehst du echt brutal auf der Leitung.«

»Aber ich arbeite doch gar nicht als Schauspieler.«

»Das ist ja das Unglaubliche«, rief Michael. »Du *bist* Schauspieler. Ich weiß das. Und irgendwann solltest du mal anfangen, als Schauspieler zu arbeiten.«

Auf einmal spürte Karl: Das ist es. Ich bin Schauspieler. Es war so einfach. Das war genau das, was er mochte und was er konnte. Ja, er war Schauspieler. Was für ein fantastischer Junge war Michael. Karl nahm ihn lange in den Arm.

An diesem Abend trug er in sein Erfolgs-Journal ein: »Ich weiß, wer ich bin. ICH BIN SCHAUSPIELER. Und bald werde ich auch als Schauspieler arbeiten.« Dann notierte er, warum er in seinen Augen ein sehr guter Schauspieler war. Auf einmal konnte er gar nicht mehr aufhören zu schreiben.

• • •

Drei Tage später traf Karl Marc zum Mittagessen. Er konnte es kaum erwarten, ihm die gute Nachricht mitzuteilen: »Ich weiß, wer ich bin. Ich bin Schauspieler.«

»Das ist mir klar«, freute sich Marc. »Die Frage ist nur: Was für ein Schauspieler bist du?«

Karl konnte darauf nichts erwidern.

Marc fuhr fort: »Die wichtige Frage ist, willst du Mittelklasse sein oder Spitzenklasse?«

»Puh«, stöhnte Karl. »Können wir nicht irgendetwas dazwischen nehmen?«

»Nein, jeder muss sich entscheiden. Und je nachdem, welche Wahl du triffst, richtest du dein Leben ganz anders aus.«

»Also, Mittelklasse ist vielleicht nicht so toll. Und Spitzenklasse klingt arg übertrieben.« Karl dachte einen Moment nach und sagte dann: »Du hast dich wohl für die Spitzenklasse entschieden. Und Anna vermutlich auch?«

»Ja. Spitzenklasse klingt wirklich etwas abgehoben. Es soll aber nur ein Prinzip erklären: Wir wollen der Beste sein, der wir sein können. Wir wollen wissen, wie gut wir sein können. Wie vielen Menschen wir helfen können.«

»Das will ich auch«, entschied Karl. Und es fühlte sich für ihn absolut richtig an.

»Das freut mich«, rief Marc. »Willkommen im Club. Jetzt muss ich dir nur noch eine Sache erklären. Am besten wäre es, wenn wir uns dazu einmal bei Michael im Krankenhaus treffen. Dann kannst du mir, Anna und Michael etwas vorspielen.«

Karl willigte ein, obwohl er keine Ahnung hatte, was Marc vorhatte. Auf jeden Fall bereitete er sich sehr gut vor, indem er eine anspruchsvolle Szene aussuchte und gründlich übte.

• • •

Eine Woche später war er so weit: Karl spielte eine Szene vor, in der er geschickt drei Schauspieler verkörperte. Er wechselte blitzartig die Mimik und die Stimme, er ging hin und her, und es sah wirklich so aus, als wären da drei Schauspieler am Werk.

An einer besonders komplizierten Stelle fing Marc plötzlich laut zu husten an. Er rief: »Ich brauch mal ein Glas Wasser.«

Anna lief sofort los, es zu besorgen. Währenddessen schlug Michael Marc kräftig auf den Rücken. Karl versuchte zunächst weiterzuspielen, aber er verlor seine Konzentration. Er machte eine Pause, um zu warten, bis sich der Husten von Marc gelegt hatte.

Da fing Marc an, laut zu lachen. Anna und Michael stimmten mit ein. Nachdem sie sich beruhigt hatten, sagte Marc: »Das war ein Trick. Sorry. Aber ich freue mich, dass Michael endlich gesehen hat, wie sagenhaft gut du bist.«

»Stimmt«, befand der Junge. »Das wurde endlich Zeit. Und ihr habt recht: Karl, du bist mega-mega-super.« Dabei schaute er seinen älteren Freund triumphierend an. »Ich wusste es! Du bist Spitzenklasse! Ich bin brutal stolz auf dich!«

Karl fühlte, wie gut ihm das Lob tat. Er fragte: »Und was war das jetzt für ein Trick?«

Marc erklärte: »Ich habe das vorgetäuscht, weil ich dir noch etwas Wichtiges erklären wollte: Wenn du ein großer Schauspieler werden willst, dann musst du so denken wie ein großer Schauspieler. Und musst so üben wie ein großer Schauspieler.«

»Aber ich übe doch … und übrigens mach ich das sehr fleißig.«

»Ja, aber Spitzenklasse-Schauspieler üben noch ganz anders: Wenn sie üben, dann proben sie den Ernstfall. Sodass sie auch unter erschwerten Bedingungen eine Szene spielen können. Darum habe ich gerade so getan, als müsste ich husten.«

Karl lachte: »Du bist also auch Schauspieler?«

»Lange nicht so gut wie du«, sagte Marc. »Ich habe andere Stärken. Aber, was ich dir sagen möchte, ist wichtig: Wenn du eine Szene eingeübt hast, dann solltest du sie immer auch einigen Menschen vorspielen. Als Generalprobe. Und dabei solltest du den Ernstfall proben. Doch wenn dann so ein Ernstfall wirklich eintritt, dann solltest du so spielen, als wenn du nur übst.«

»Okay«, befand Karl. »Und was hätte ich tun sollen?«

»Mensch, das ist doch klar: weiterspielen!«, rief Michael.

Marc bestätigte den Jungen: »Ja, weiterspielen. Übe, dass dich nichts, wirklich gar nichts aus dem Konzept bringen kann. Im Ernstfall musst du weiterspielen.

Stell dir vor, du bist im Theater und einige Zuschauer husten. Oder hinter dir fällt irgendeine Requisite um. Willst du dann eine Pause machen?«

»Natürlich nicht ...«

»Siehst du, und das gelingt dir nur, wenn du solche Ernstfälle übst. Denn du weißt nie, was passiert.«

»Aber ich war wirklich besorgt um dich«, wandte Karl ein.

»Dafür bist du ja Schauspieler, dass du deine Emotionen wechseln kannst. Und das kannst du unglaublich gut. Ich habe es eben gesehen, wie du dich blitzschnell immer wieder in drei verschiedene Personen verwandelt hast. Im Ernstfall musst du die Figur bleiben, die du gerade bist.«

»Schauspielen ist ganz schön anspruchsvoll«, befand Karl. Aber gleichzeitig verstand er, wie wichtig Marcs Botschaft war. An was der Brain so alles dachte ...

Marc sagte: »Nicht nur schauspielen. Was ich gerade gesagt habe, gilt für jeden Job. Wenn du darin Spitzenklasse sein willst, musst du schauspielen – oder was auch immer dein Beruf ist – können. Du musst in der Spitzenklasse bleiben, auch wenn um dich herum alles anders als positiv ist. Wenn es richtig schwer ist, musst du in der Lage sein, deine beste Leistung zu bringen. Dafür musst du üben. Und wenn der Ernstfall eintritt, dann bleibst du so locker, als wenn du nur üben würdest.«

8 DIE CHANCE

In den nächsten Monaten lebte Karl seine neuen Rituale: Jeden Morgen machte er die Spiegel-Übung und notierte mindestens fünf Erfolge in seinem Erfolgs-Journal. Mit der Zeit fiel ihm beides immer leichter.

Er übte, wann immer er konnte. Und wenn er eine Szene wirklich beherrschte, spielte er sie ein paar freiwilligen Zuschauern vor – meist im Krankenhaus bei Michael. Manchmal waren andere kranke Kinder sein Publikum, ein anderes Mal Krankenschwestern. So übte er den Ernstfall, obwohl er gar nicht richtig wusste, wie der aussehen könnte.

Die Arbeit im Studio zog sich hin, weil Richard, der Star des Films, immer wieder erkrankte. Aber schließlich waren die Dreharbeiten abgeschlossen. Das war einerseits ein schönes Gefühl für Karl. Andererseits wusste er nicht, was er jetzt tun sollte.

Bei der Abschlussfeier nahm ihn Richard beiseite: »Ich habe ein Angebot für einen neuen Film. Einen Mafia-Film. Ich spiele den Paten. Willst du wieder an meiner Seite sein?«

»Du meinst, als Lichtdouble?«, fragte Karl.

»Nein, ich meine wirklich an meiner Seite. Ich möchte mit dir zusammen üben. Ich mag dich, und ich kann dir viel beibringen. Und mir macht das Textlernen und Üben mit dir zusammen viel mehr Spaß.«

»Da muss ich ja nicht mal 'ne Sekunde drüber nachdenken«, strahlte Karl. Ein Mafia-Film. Unfassbar cool. Später erfuhr er noch, dass Richards Angebot auch finanziell sehr gut war für ihn.

• • •

Für den neuen Film wurde dieselbe Crew verpflichtet. Einige Kollegen waren Karl wirklich ans Herz gewachsen, darum freute ihn das. Leider war auch Doggy mit dabei. Der hatte es sich aus irgendeinem Grund zur Aufgabe gemacht, die Kollegen gegen Karl aufzubringen. Wie Karl nach und nach herausfand, setzte der Regieassistent dafür ganz bewusst fiese Lügen über ihn in die Welt.

Seine alten Kollegen, die Lichtassistenten, schnitten Karl, wo immer sie konnten. Auch sein Freund Gerhard. Während einer Pause sprach Karl ihn direkt an. Er wollte endlich wissen, was los war.

Gerhard antwortete knapp: »Du denkst wohl, du bist was Besseres?«

»Wie kommst du denn darauf?«

»Ich habe gehört, du willst Schauspieler werden?«, fragte Gerhard mit Nachdruck.

»Natürlich möchte ich das, träumt ihr nicht davon?«

»Ich hab gehört, dass du wie ein Besessener übst. Du bist so ein richtiger Ehrgeizling geworden. Ein Streber.«

»Ja, klar übe ich, sonst bekomm ich nie eine Rolle«, erklärte Karl. »Ich spüre, dass ich ein guter Schauspieler sein kann.«

Gerhard schaute ihn lange missbilligend an. Dann sagte er: »Ich kann dir nur einen Rat geben: Schuster bleib bei deinen Leisten.« Er ging davon, ohne Karls Reaktion abzuwarten.

Am Abend sprach Karl mit Anna darüber. Sie sagte: »Mit

manchen Menschen kann man nur zurechtkommen, solange man sich nicht weiterentwickelt. *Aber wenn du anders wirst, stärker wirst, dann bedroht das die Bequemlichkeit dieser Menschen.* Sie empfinden das so, als würdest du ihnen einen Spiegel vorhalten und fragen: ›Und was tust du?‹ Sie wollen sich aber nicht anstrengen; sie wollen bequem bleiben. Dabei störst du sie. Darum sind sie gerade nicht so glücklich mit dir.«

Diese Erkenntnis traf Karl wie ein Schlag: »Sie sehen mich als Bedrohung. Wenn ich übe, dann empfinden sie das als Anklage gegen sich. Ich hab keine Chance bei ihnen.«

»Ich habe dasselbe mit einigen meiner alten Freundinnen erlebt«, sagte Anna. »Und deswegen weiß ich, dass es nicht bei allen so bleibt. Einige haben sich später doch verändert. Mit anderen habe ich heute keinen Kontakt mehr. Bei dir ist es noch anders. Du wirst ein Star. Ich spüre das. Einige, die dich jetzt meiden, werden später stolz sagen: ›Ich habe seinen Durchbruch erlebt. Ich war dabei.‹ Glaub mir, sie werden dich feiern.«

»Und ich feiere dich«, sagte Karl. Ihr offensichtlich grenzenloses Vertrauen in ihn tat ihm so gut.

• • •

Am nächsten Morgen bekam er eine WhatsApp von Marc:

> Habe keine Angst davor, Menschen zu verlieren.
> Habe Angst davor, dich selbst zu verlieren, indem du versuchst, allen um dich herum zu gefallen.

Trotzdem machte die Situation Karl zu schaffen. Bei seinem nächsten Besuch sprach er mit Michael darüber.

Der sagte: »Weißt du, wenn du bald ins Nirwana gehst, hast du keine Zeit, über irgendwelche Spinner nachzudenken. Hak es einfach ab!«

Einmal mehr war Karl von Michaels intuitiver Weisheit beeindruckt. Gleichzeitig war er traurig, weil ihm wieder bewusst wurde, wie krank der Junge war.

Michael konnte es ihm ansehen und lächelte: »Weißt du, ich geh in eine Welt, in der ich ein Fußballstar werde. Und dann bist du dran.«

»Womit?«

»Dann bist du dran, mir zuzuschauen. Dann musst du mir Beifall klatschen. Bevor dieses Ding in meinem Kopf gewachsen ist, war ich richtig gut. Und da, wo ich hingehe, spielt der Tumor keine Rolle.«

Karl kämpfte mit seinen Tränen: »Welche Position spielst du?«

»Natürlich Mittelstürmer. Mann, ich bin ein Knipser, ich mach die Dinger rein.« Da bemerkte er Karls feuchte Augen und rief mit gespielter Empörung: »Was bist du denn für ein Schauspieler? Ich glaub's ja nicht! Hey Alter, *ich* bin krank. Du musst mich aufheitern. Nicht andersrum. Marc sagt, niemand weiß, was der Tod eigentlich ist. Doch die Menschen sind traurig, wenn jemand stirbt. Das ist Egoismus.

Das mit dem Egoismus stimmt. Aber ich sage dir: Ich weiß, was der Tod ist. Denn ich war schon ein paarmal fast auf der anderen Seite. Und da hab ich es gesehen: Es ist hell, und ich kann da Fußball spielen. Weißt du: Ich träume oft davon. Ich werde von dem galaktischen Star-Trainer ausgewählt. Er hat mehrmals mit mir gesprochen. Er wartet auf mich. Ich komm in sein Auswahlteam.«

• • •

In der folgenden Woche musste Richard das Bett hüten. Niemand konnte sagen, wann er wieder gesund wäre. Das war eine echte Katastrophe. Auch finanziell. Die Crew musste ja weiterbezahlt werden. Zeit war teuer beim Film. Und alle wussten: Wenn der Star ganz ausfallen würde, wäre das Projekt beendet. Ratlos standen alle eine ganze Zeit lang herum.

Wie aus dem Nichts erschien Doggy neben Karl. Er zischte ihm ins Ohr: »Wenn Richard nicht wiederkommt, dann brauchen wir dich hier auch nicht mehr. Nie mehr!«

Bevor Karl etwas erwidern konnte, war Doggy schon wieder weg. »Ein unheimlicher und böser Typ«, dachte Karl.

Da hatte Gustavo, der Kameramann, eine Idee: »Ich weiß, wie wir die Zeit nutzen können …«

Alle schauten ihn gespannt an. Gustavo redete nicht viel. Aber wenn, dann hatte es Substanz.

Nach einer kurzen Pause fuhr er fort: »Es bringt nichts, wenn wir uns auf das konzentrieren, was wir jetzt *nicht* tun können. Richard ist krank, mit ihm können wir derzeit nicht drehen. Klar. Aber es gibt etwas, was wir tun können.«

Alle hingen an seinen Lippen. Auch Anton, der Regisseur, kam ein paar Schritte näher, um Gustavos Vorschlag zu hören.

»Wir können alle Szenen mit den anderen Schauspielern drehen. Und immer dann, wenn wir Richard nur indirekt brauchen, kann Karl einspringen. Er kennt das Drehbuch auswendig.«

»Was meinst du mit indirekt brauchen?«, durchbrach Doggys Stimme als Erste die Stille.

»Er spielt mit den anderen Schauspielern die Szenen, ohne dass wir ihn filmen. Das ist zwar aufwendig, aber wie bei Animationstechniken machbar. So können wir schon eine ganze Menge Material fertigstellen.«

»Das könnte gehen«, sagte Anton.

»Das ist totaler Quatsch«, rief Doggy. »Dieses Lichtdouble kann gar nichts. Er bringt die anderen höchstens aus dem Konzept. Er kennt das Drehbuch auch nicht wirklich. Es sieht immer nur ein bisschen so aus. Aber er wirft alles durcheinander. Ich weiß das. Glaubt mir. Der Typ ist eine Katastrophe.«

Karl konnte es nicht fassen. Er spürte, dass die nächsten Sekunden entscheidend sein würden. Das war ein *Ernstfall*. »Jetzt kommt es drauf an«, schoss ihm durch den Kopf.

Da legte Doggy noch eine Gemeinheit nach: »Ich bin ja nicht abergläubisch, aber Karl bringt einfach jedem Pech. Seit er öfter mit Richard zusammen ist, wird der immer kränker. Das ist doch kein Zufall.«

Karl merkte, dass Doggys Worte Eindruck hinterließen. Er handelte jetzt instinktiv. Er ging frontal auf Doggy zu und rief mit lauter und hasserfüllter Stimme:

»Du mieses, fettes Schwein. Du erbärmliche, stinkende Ratte. Ich werde dich zerquetschen. Du bist ein Nichts. Und wenn ich mit dir fertig bin, dann wird von dir nichts übrig bleiben …«

Doggy lief hochrot an. Er machte einige Schritte auf Karl zu. Es sah so aus, als wolle er handgreiflich werden. Aber Karl brachte ihn mit einer einzigen herrischen Geste seines rechten Arms zum Stehen. Dann sagte er mit beeindruckender Bestimmtheit:

»Schweig, du Ratte. Du weißt genau, wovon ich spreche. Du bist nicht mehr als eine erbärmliche, stinkende Ratte. Du weißt, was du gemacht hast. Wie du mich hintergangen hast. Gegen mich intrigiert hast. Denkst du, ich habe das nicht bemerkt? Du hast das Wichtigste vergessen: *Ich bin der Boss!* Du bleibst nur so lange am Leben, wie ich es dir erlaube.«

Man hätte eine Stecknadel fallen hören können. Alle hielten die Luft an.

Dann sagte Karl mit ganz normaler Stimme: »So würde ich es machen. Danke, Doggy, fürs Mitspielen.«

Jetzt schauten sich die Kollegen fragend und unsicher an. Da fing Anton, der Regisseur, an zu klatschen. Er klatschte laut und sichtlich begeistert. Er hörte gar nicht mehr auf. So enthusiastisch hatten sie ihn selten gesehen.

Doggy tippte sich fassungslos an die Stirn.

»Sagenhaft«, rief Anton. »Genauso habe ich es mir vorgestellt. Besser geht es gar nicht. Karl, du bist genial.«

»Der Typ hat mich eben beleidigt, wie nie jemand zuvor in meinem Leben«, schrie Doggy. Sein Gesicht war nun verstörend rot, die Adern an seinen Schläfen traten hervor.

»Ja, kapiert ihr es denn nicht?«, lachte Anton. »Karl hat uns gerade eine Schlüsselszene aus dem Drehbuch vorgespielt. Und ich sage nur: allererste Sahne.«

Da fing auch Gustavo an zu klatschen. Nach und nach stimmten andere ein. Einige blätterten schnell im Drehbuch, um die Stelle zu finden. Es war korrekt: Karl hatte die Szene gespielt, in der der Pate seinen illoyalen Assistenten zur Rede stellt. Nun lachten alle begeistert.

Später entschieden die Verantwortlichen: Sie würden Gustavos Plan durchziehen. Sie würden alle Szenen mit den anderen Schauspielern filmen. Karl würde dabei Richards Rolle übernehmen.

Aber Gustavo hatte insgeheim seinen Plan bereits erweitert: Er würde bei den Szenen Karl mitfilmen. Man konnte ja nie wissen ...

• • •

Sie drehten zwei Wochen lang, und Karl hatte ungeheuren Spaß. Er übte weiterhin – sogar noch härter als zuvor. Und er behielt seine Rituale bei. Auch bekam er noch fast jeden Tag eine WhatsApp-Botschaft von Marc. Eines Morgens las er:

> Unsere Träume können nur wahr werden, wenn wir den Mut haben, ihnen zu folgen.

Genau an diesem Tag kam die Nachricht: Richard würde für die nächsten sechs Monate ausfallen. Die Katastrophe war eingetreten. Die Verantwortlichen zogen sich zur Beratung zurück. Nach ungefähr einer Stunde baten sie Karl zu sich.

»Wir haben uns gerade ein paar Szenen angeschaut, die Gustavo mit dir gefilmt hat«, sagte Anton. »Wir wussten gar nicht, dass er das gemacht hat. Aber jetzt sind wir froh. So haben wir unterschiedliche Szenen von dir eingehend studieren können. Und was soll ich sagen: Sie sind sehr, sehr gut. Fantastisch!«

Karl hatte keine Ahnung, worauf das hier hinauslief. Das Projekt war ja geplatzt.

»Wir möchten dir einen Vorschlag machen«, fuhr Anton fort. »Wir hätten gerne, dass du die Hauptrolle übernimmst. *Du* spielst den Paten. Du bist richtig gut. Du kannst das. So können wir den Film retten. Was heißt retten, wir glauben, mit dir wird er sehr stark.«

Karl bekam weiche Knie. Er wusste nicht, was er sagen sollte. »*So weit bin ich noch nicht*«, durchzuckte es ihn. Auf einmal verspürte er eine ungeheure Angst. Er fühlte sich wie gelähmt. Er hatte den Eindruck, als würde jetzt der ganze Druck auf seinen Schultern lasten. Er konnte nichts sagen.

»Es gibt da aber leider einen Haken«, fuhr Anton fort. »Wir können die Entscheidung nicht alleine treffen. Dieser Film wird von einem Fonds finanziert. Und die Investoren haben das letzte Wort. Ich werde ihnen vorschlagen, dass du ihnen einige Szenen vorspielst. Dann können sie sich live einen Eindruck verschaffen, und sie können dich kennenlernen. Wenn sie zustimmen, hast du die Hauptrolle.«

Sie schauten Karl erwartungsvoll an. Wenn sie gedacht hatten, dass er jubeln würde, so sahen sie sich enttäuscht. Karl hatte unsagbare Angst. Aber er hatte auch nicht den Mut, abzulehnen. Also sagte er zu: Ja, er würde vor den Investoren einige der wichtigsten Szenen spielen.

• • •

Am Abend traf Karl sich mit seinem Vater. Der hatte ihn um ein Gespräch gebeten. Er hoffte nur, dass es mit seinem Vater keinen Streit geben würde. Aber es wurde sogar noch schlimmer, als Karl befürchtet hatte. Sein Vater machte ihm heftige Vorwürfe. Immer dieselbe Litanei: Karl sei undankbar. Er habe jeden Sinn für Realität verloren. Er, Schauspieler? – lächerlich! Er sei zu schwach.

Karl erzählte seinem Vater von der Hauptrolle, die man ihm angeboten hatte. Der lachte nur laut und fies. Karl hatte diese Lache oft gehört. Jedes Mal überfiel ihn ein Unbehagen.

Sein Vater sagte: »Ich kenne dich gut. Du hast nicht, was nötig ist für wirklichen Erfolg. Du hattest es nie. Und du wirst es niemals haben. Du kannst das nicht. Es wäre ein großer Fehler, es zu versuchen. Du wirst dich nur lächerlich machen. Und mich mit.«

Karl erinnerte sich, dass sein Vater nie an ihn geglaubt hatte. Einmal hatte er einem Freund erzählt: »Leider habe ich die Schaukel für meinen Sohn zu nah vor die Hauswand gebaut, hahaha.« Auch da war diese Lache gewesen.

Vor Monaten noch hatte Karl zu seinen Eltern gesagt: »Ich weiß, ihr meint es gut mit mir …« Was seinen Vater betraf, war er sich da nicht mehr sicher. Er dachte einen langen Moment nach, was sein Vater als Schwäche deutete. Dann sagte er ruhig und klar:

»Ich möchte das nicht mehr von dir hören. Soweit ich mich erinnern kann, hast du mich in meinem Leben nicht ein einziges Mal in den Arm genommen. Du hast nie an mich geglaubt. Ich steh gerade vor einer Situation, die eine riesengroße Chance für mich ist, die mir aber fast noch größere Angst macht. Ich möchte nicht wieder mit dir sprechen, bis ich stark genug bin. Stark genug, dass mich deine Meinung über mich nicht verletzt.«

Schnell kam sein Vater auf sein eigentliches Anliegen zu sprechen: »Du solltest dein Studium wieder aufnehmen … Du *musst* dein Studium wieder aufnehmen. Sonst endest du als Versager.«

Karl hätte seinem Vater gern von den zwei Bäumen erzählt. Und wie wichtig es ist, dass wir unsere Zeit mit Menschen verbringen, die uns bedingungslos lieben. Und dass es okay ist, ein Leben zu leben, das andere nicht verstehen. Denn es ist ja schließlich unser Leben. Nicht das der anderen. Aber er spürte, dass sein Vater das nicht verstehen würde.

Er würde seinen Vater eine Zeit lang nicht sehen. Vielleicht hätten sie später eine Chance. Er teilte ihm seine Gedanken mit. Der Vater würdigte ihn keines Blickes mehr und ging ohne ein weiteres Wort davon.

Marc hatte Karl eine WhatsApp geschrieben, an die er in diesem Moment denken musste:

> Lerne klar Nein zu sagen, ohne dich dabei schlecht zu fühlen.
> Das Leben ist zu kurz, um Dinge zu tun, die du nicht tun willst. Hör auf damit.

Er spürte die Weisheit in dieser Botschaft. Er wusste, dass er das Richtige tat. Aber er fühlte sich schlecht. Und seine Angst vor der Hauptrolle war noch größer geworden.

• • •

Karl verabredete sich mit Marc zum Essen. Er brauchte jetzt dessen Rat. Er erzählte ihm von dem Angebot – und von seiner Angst, es anzunehmen. Von dem Gespräch mit seinem Vater, das im Nachhinein seine Angst noch vergrößert hatte.

»Ich kann dir ein paar wichtige Dinge über Angst sagen«, erklärte Marc. »Aber wichtig ist, was du nach dem Gespräch machst. Was du dann tust. Im Grunde genommen ist es ja so, dass du nicht weißt, ob du das kannst. Das ist eine der drei zentralen Fragen, die uns immer wieder begegnen: *Kann ich das?* Du bist dir da jetzt nicht sicher … Kannst du eine Hauptrolle schon überzeugend ausfüllen? Und das hat wohl stark damit zu tun, dass du nicht immer die Liebe und das Vertrauen gespürt hast, die dein Vater dir hätte geben sollen.«

»Nicht immer? Nie!«

»Das tut mir leid. Aber denke daran, dass Selbstbewusstsein ein *Gefühl* ist. Und dass du in der Lage bist, dieses Gefühl in dir zu steigern. Du bist nicht Opfer deiner Vergangenheit. Du bist nicht die Programmierung, du bist der Programmierer. Du hast immer die Wahl, ob du dich für die Angst entscheidest oder für die Liebe. *Wenn du dich für die*

Angst entscheidest, dann entscheidest du dich für das Gefängnis. Hast du von den alten Alchemisten gehört?«

»Ja, das sind die, die aus Dreck Gold machen wollten.«

»Genau. Es ist wichtig, dass wir lernen, aus unseren Ängsten Gold zu machen. Ich nenne das: mentale Alchemie. Wir können lernen, unsere Ängste zu nutzen. Dann sind Ängste nichts mehr, was uns zurückhält. Sondern sie helfen uns sogar, unsere Ziele zu erreichen.«

»Angst kann etwas Positives sein?«, wunderte sich Karl. »Mich macht sie total fertig. Und sie lähmt mich.«

»Du kannst die Kraft der Angst für dich tatsächlich nutzen. Darf ich dir ein paar sehr direkte Fragen stellen?«

»Klar, fang an.« Karl hatte nichts zu verbergen vor Marc.

»Okay, wie würde es sich für dich anfühlen, wenn du Anna enttäuschst? Sie glaubt an dich. Sie weiß, dass du ein super Schauspieler bist. Wenn du die Rolle jetzt ablehnst …«

»Ich glaub, ich verstehe, was du mir sagen willst. Ja, ich hätte Angst, Anna zu enttäuschen. Sie ist das Schönste in meinem Leben.«

»Noch eine Frage«, sagte Marc. »Angenommen, du würdest nie wieder eine solche Chance bekommen. Würdest du dich nicht brutal über dich ärgern, wenn du diese Gelegenheit verpasst hättest?«

»Das wär ein megablödes Gefühl … Darüber hab ich noch gar nicht nachgedacht.«

»Und jetzt mal angenommen, du würdest diese Rolle annehmen und danach weitere, noch bessere Rollen angeboten bekommen. Aber wenn du diese Rolle jetzt ablehnst, würden die weiteren Angebote auch ausbleiben.«

»Dann hätte ich wohl echt Mist gebaut … Ich hätte sicher die größte Chance meines Lebens versemmelt.«

»So kann man das wohl sehen«, sagte Marc. »Genau darum geht es bei der mentalen Alchemie: Nutze die Angst für dich. *Wenn du vor der Angst davonläufst, wird die Angst größer, und dein Selbstbewusstsein wird kleiner.* Setze also die Angst für dich ein. Du stellst dir einfach vor, was alles Schreckliches passieren würde, wenn du das Angebot nicht annimmst. Du malst dir drastisch aus, was dir alles entgehen würde. Wenn du alle enttäuschen würdest. Wie du vor dir selbst den Respekt verlieren würdest. Auf diese Weise wird deine Angst dir sogar helfen, das Angebot anzunehmen.«

»Aber dadurch ist meine Angst ja nicht weg«, wandte Karl zweifelnd ein.

»Nein, ist sie nicht. Aber du erzeugst so eine neue Angst: die größte Chance deines Lebens zu verpassen, mit allem, was danach kommt. Und die ist noch viel größer als deine ursprüngliche Angst.«

Marc zog eine kleine Karte aus seinem Sakko und gab sie Karl: »Ich habe hier eine Karte für dich. Die nutze ich selbst, wenn ich Angst empfinde. Sie hat mir in vielen Situationen geholfen. Vielleicht hilft sie dir auch: Wenn du spürst, dass deine Angst größer wird, dann beantworte die Fragen darauf.«

Karl las die Karte:
- Was kann schlimmstenfalls passieren, wenn ich es tue?
- Wäre mein Leben dann zu Ende?
- Wie kann ich verhindern, dass das Schlimme eintritt?
- Was wäre negativer: dass etwas Schlimmes eintritt, wenn ich es tue, oder dass ich mir diese Chance entgehen lasse?
- Was kann bestenfalls passieren, wenn ich es mache?

Die beiden gingen anschließend die fünf Fragen durch. Was konnte schlimmstenfalls passieren?

Karl sagte: »Ich könnte meinen Text vergessen vor lauter Nervosität. Dann würde ich mich unsterblich blamieren.«

»Es ist so wichtig, dass du dir bewusst machst, *wovor du wirklich Angst hast*«, erklärte Marc. »Wenn du etwas kennst, dann kannst du damit umgehen. *Angst ist immer dann besonders gefährlich, wenn sie diffus bleibt.* Nun die zweite Frage: Wäre dein Leben dann zu Ende?«

»Nein«, Karl musste lachen. »Aber schön wäre es nicht, so etwas zu erleben.«

»Klar, und wie kannst du verhindern, dass das Schlimme eintritt?«

»Na ja, ich würde hart üben. Vor allem würde ich den Ernstfall üben.«

»Genau. Und was wäre negativer? Dass du eine Blockade hast, dich blamiert hast … oder dass du dir die Chance deines Lebens entgehen lässt?«

»Ich glaube, ich hab's verstanden«, sagte Karl. »Ich würde mich mein ganzes Leben lang ärgern, wenn ich es nicht tue. Mir Vorwürfe machen.«

»Schön, und was kann bestenfalls passieren, wenn du es machst?«

»Ich gewinne den Oscar«, witzelte Karl.

Da musste auch Marc lachen. Vor allem freute er sich, dass Karl den Sinn hinter den Fragen verstand. Es war ihm in kurzer Zeit gelungen, eine größere Angst davor aufzubauen, diese einmalige Chance auszuschlagen, als zu versagen.

Marc sagte mit ernster Miene: »Eines Tages ist alles vorbei. Die Frage ist, was willst du bis dahin tun? Die Betonung liegt auf: ›tun‹. Was dich voranbringt, sind Handlungen. *Angst ist dann besonders stark, wenn wir nichts tun.* Aber wenn du etwas tust, dann wirst du sehen: Dein Handeln bringt dir Sicherheit.

Hier ist etwas, was du tun kannst; ich bitte dich: Lies heute Abend so viele Erfolge in deinem Erfolgs-Journal nach, wie du kannst. Du wirst sehen: Je mehr Erfolge du liest, umso besser fühlst du dich. Und je besser du dich fühlst, umso erfolgreicher kommen dir deine Erlebnisse vor. Und dann schreibe die wichtigsten Erfolge heraus. Sozusagen deine Top Ten.«

Karl versprach es. Aber dann kam in ihm eine andere Sorge hoch: »Was ist, wenn alles nicht reicht? Wenn ich mich trotzdem wie gelähmt fühle?«

»Dann passiert das Wunder«, sagte Marc.

Überrascht schaute Karl seinen Freund an: »Ich soll mich auf Wunder verlassen? Wie kannst du so was sagen?«

»Weil es stimmt«, bekräftigte Marc. »Wenn wir alles tun, was in unserer Macht steht ... und trotzdem scheinbar unüberwindliche Hindernisse in unserem Weg stehen ... Wenn wir dann nicht aufgeben, dann passiert ein Wunder. Immer.«

»Dann soll ich an Zauberei glauben? Ich weiß nicht, ob ich das kann.«

»Nein, ein Wunder ist nur etwas, das wir uns nicht erklären können. Wir kennen die Naturgesetze nur noch nicht, nach denen etwas abläuft. Und weil wir sie nicht kennen, sagen wir: Das ist ein Wunder. Wenn du deine mentale Fitness trainierst und so dein Selbstbewusstsein steigerst, erreichst du einen wunderbaren Zustand. Du spürst dann: ›Ich habe ein Wunder verdient.‹ Und dieser Glaube gibt dir Kraft. Und glaub mir, das Wunder passiert. Wirklich immer.«

»Hast du so was schon einmal erlebt?«

»Ja«, antwortete Marc versonnen. »Vor Jahren hat mir eine alte Frau geholfen. Ich weiß, das klingt jetzt sehr merkwürdig: Aber es hätte sie eigentlich gar nicht geben dürfen. Als ich sie brauchte, war sie plötzlich da.«

9 DIE KRISE

Karl tat, was er Marc versprochen hatte: Er las alle Einträge durch, die er in den letzten Monaten in sein Erfolgs-Journal notiert hatte. Dann suchte er die Top Ten heraus. Und tatsächlich: Seine Laune besserte sich, und seine Zuversicht wuchs.

Dennoch hatte er Angst. Er wusste: Er stand vor einer wichtigen Wegkreuzung. Jetzt würde sich zeigen, ob er wirklich Spitzenklasse war – oder doch nur Mittelklasse.

Aufgewühlt ging er schlafen. Die alte Frau war ihm von Zeit zu Zeit wieder im Traum erschienen. Es war jedes Mal derselbe Traum. Immer sah er die zwei Bäume, den dunklen und den hellen. Leider kam er nie zu dem hellen. Und von dem dunklen ging eine gewaltige Gefahr aus.

Nach diesem Traum fand er am nächsten Morgen stets eine neue Eintragung in seinem lila Journal. Diese Sätze halfen ihm sehr. Im Moment besonders die Sprüche über die Angst. Er las sie immer wieder:

Wenn du Angst hast, bist du von anderen kontrollierbar und steuerbar.
Wenn du vor der Angst davonläufst, dann wird die Angst größer, und du wirst kleiner.
Angst sollte dir den Weg zeigen und nicht als Ausrede dienen.

Er dachte daran, was Marc ihm gesagt hatte: Er konnte seine Angst nutzen. Er konnte sie für sich einsetzen. Aber er war sich nicht sicher, ob ihm das gelingen würde. Er spürte: Ihm fehlte noch eine wichtige Antwort. Und die hatte irgendwie mit dem Traum zu tun. Über dem Gedanken schlief er ein.

In dieser Nacht war der Traum besonders intensiv: Wieder schickten ihn seine Eltern zu dem dunklen Baum. Diesmal war er tiefschwarz. Karl kletterte wieder hinauf, obwohl er das gar nicht wollte. Er stürzte wieder hinunter.

Nun schaute er sich den dunklen Baum zum ersten Mal genauer an. Da konnte er auf dem Stamm das Gesicht seines Vaters erkennen. Zuerst war es undeutlich, dann wurde es immer klarer. Ihn überkam ein Grauen: Der dunkle Baum war sein Vater. Karl wollte weglaufen.

Sein Knie schmerzte so sehr, dass er nicht aufstehen konnte. Gleichzeitig war er vor Angst wie gelähmt. Er starrte immer noch auf den dunklen Baum, der sein Vater war. Weiter oben erkannte er Doggy. Da verwandelte sich sein Vater langsam ... Eine andere Person kam zum Vorschein.

Nach und nach wurden die Züge dieser anderen Person immer deutlicher. Und dann erkannte Karl diesen Menschen: Das war *er. Der dunkle Baum, das war in Wahrheit er selbst*.

Vor Schreck musste er sich übergeben.

Dann sah er Anna, die unter dem anderen, dem hellen Baum auf ihn wartete. Er wollte zu ihr gehen, aber wieder hielt ihn etwas zurück. Er versuchte Anna zu rufen, aber seine Stimme war weg.

Nun kam die alte Frau mit den weißen Haaren und dem grellroten Pullover und nahm ihn bei der Hand. Sein Knie schmerzte noch, aber er konnte jetzt trotzdem gut gehen.

Und er konnte auch wieder leise sprechen. Die alte Frau brachte ihn zu Anna.

Als er dort angekommen war, zeigte Anna auf den hellen Baum. Er sah strahlend hell und schön aus. Fasziniert schaute Karl ihn an. Da verwandelte sich auch der helle Baum. Im Stamm konnte er wieder zuerst undeutlich, dann immer klarer einen Menschen erkennen.

Nein, es war gar nicht *ein* Mensch, es waren mehrere. Zuerst sah er Anna, dann Marc, Don José und Michael. Schließlich noch Anton und Gustavo. Alle lächelten ihm freundlich zu.

Da verwandelte sich der helle Baum erneut. Alle Gesichter verschwanden nach und nach, und dafür erschien ein neues Gesicht: Das war er selbst. Auch diesmal sah er: *Der helle Baum, das war in Wahrheit er selbst.*

Schweißgebadet wachte Karl auf. Er konnte den Traum sehr gut erinnern – bis ins letzte Detail. Er fühlte: Das war kein Albtraum. Das war eine Botschaft. »Dieser Traum will mir etwas sehr Wichtiges mitteilen. Aber was?« Er schaute auf sein Handy. Marc hatte ihm eine WhatsApp-Nachricht geschickt. Ein Zitat von Steve Jobs:

> Der einzige Weg, wie ihr eine großartige Leistung vollbringen könnt, ist, dass ihr liebt, was ihr tut.

»Ich liebe die Schauspielerei«, dachte Karl, »aber ich weiß nicht, ob ich unter solch schwierigen Bedingungen wirklich etwas Großartiges leisten kann.« Er hatte sich das alles einfacher vorgestellt.

Es war einer der Tage, an denen er sich zu seinen Ritualen zwingen musste. Die Spiegel-Übung überzeugte ihn nicht wirklich. Und es fiel ihm schwer, fünf Erfolge zu notieren.

Anschließend ging er joggen. Er wollte wenigstens fit bleiben. Seine morgendliche Runde führte ihn über eine Steintreppe im Park. Dort rutschte er auf einigen nassen Blättern aus und fiel ein paar Stufen hinunter. Er versuchte aufzustehen. Da durchzuckte sein rechtes Knie ein stechender Schmerz. Er konnte auf dem rechten Bein kaum mehr stehen. Sofort dachte er an eine der Szenen, die er den Investoren vorspielen sollte. Er musste darin schnell laufen können. Der Termin war in nur zehn Tagen.

Auch das noch. Er spürte, wie ihn sein letztes Quäntchen Mut verließ. Wenigstens hatte er sein Handy mitgenommen. Karl rief ein Taxi und ließ sich zu seinem Arzt bringen. Das Wartezimmer war übervoll. Als er endlich drankam, war sein Knie bereits ziemlich angeschwollen. Und es schmerzte höllisch. Zum Glück war es kein Bänderriss, aber eine schwere Verstauchung. Der Arzt sagte, mindestens eine Woche würde er nicht richtig gehen können. Die Sprechstundenhilfe gab ihm ein paar Krücken mit, damit er sein Knie schonen konnte.

»Toll, rennen mit Krücken. Das Vorspielen hat sich damit erledigt«, dachte Karl resigniert.

Er rief Marc an und erzählte ihm die schlechten Neuigkeiten. Der schlug vor: »Nimm dir ein Taxi und komm sofort zu mir in die Firma. Wir müssen reden. Es ist sehr dringend. Ich verschiebe dafür mein nächstes Meeting.«

• • •

Völlig niedergeschlagen kam Karl bei Marc an. Was konnte es jetzt noch zu besprechen geben? Die große Chance war geplatzt.

Marc kam sofort zur Sache: »Glaubst du, Übung macht den Meister?«

»Glaub ich, ja.«

»Du joggst fast jeden Tag. Wie lange und wie schnell läufst du?«, wollte Marc wissen.

»Vierzig Minuten bei angenehmem Tempo.«

»Gut«, befand Marc. »Es macht dir also Spaß, und du gehst wahrscheinlich kaum jemals an deine Grenze. Das ist völlig okay. Es macht dich gesünder, es entspannt dich, es macht dich fitter, aber wirst du so Spitzenklasse? Ein Meisterläufer?«

»Eher nicht.« Karl hatte keine Ahnung, worauf Marc hinauswollte.

»Aber wenn du etwas tun kannst, obwohl es dir auch mal keinen Spaß macht, weil du sehr erschöpft bist, wenn du dich sehr anstrengen musst, wenn es langweilig ist und wenn es so wehtut, dass du aufgeben willst ... Wenn du es in diesen Situationen trotzdem immer noch tust, *dann ist das deine Leidenschaft*. Du machst nämlich nicht weiter, weil es so angenehm ist, sondern weil du es liebst. Du machst weiter, weil du weißt: ›Das bin ich. Das ist meine Leidenschaft. Ich kann das. Ich weiß vielleicht im Moment nicht wie, aber ich liebe es, und darum kann ich einen Weg finden. Ich kann das.‹«

Karl wandte ein: »Aber mein Knie ist *wirklich* verletzt. Das ist ja nicht nur so in meinem Kopf. Und es tut höllisch weh. Selbst bei optimalen Bedingungen hatte ich fast zu viel Angst, mich um die Rolle zu bewerben ... und jetzt diese Verletzung. Ich hab mir das alles leichter vorgestellt.«

»*Leicht und Größe passen nicht zusammen*«, sagte Marc ernst. »*Du musst lieben, was du tust, um durch schwierige Zeiten hindurchzukommen.*«

»Ich versteh, was du mir sagen willst«, erwiderte Karl. »Aber das ist echt hart! So hart, dass ich keine Ahnung hab, wie ich das packen soll.«

»Es muss hart sein!« Marcs Gesicht wirkte sehr entschlossen. »*Wenn es nicht hart wäre, könnte es jeder tun.* Erst wenn du durch harte Zeiten hindurchgehst, bist du Spitzenklasse. Mahatma Gandhi hat einmal gesagt: Nur wer Leid erträgt, wird Glück erfahren.«

Karl dachte eine ganze Zeit lang nach. Das Konzept der Spitzenklasse begeisterte ihn noch nicht wirklich. Er fragte: »Spitzenklasse – ist das denn für jeden realistisch? Ich bin jedenfalls nicht Gandhi. Willst du behaupten, das kann auch eine Verkäuferin an der Kasse – Spitzenleistung bringen?«

»Selbstverständlich. Ja. Schau mal einer sehr guten Kassiererin zu. Aber noch etwas ist wichtig: Versteck dich nicht hinter einem anderen. Noch dazu hinter jemandem, den du nicht einmal kennst. Du bist nicht Gandhi, richtig. Aber du bist Karl. Karl, der Schauspieler. Und jetzt benimm dich auch so. Und zwar nicht nur, wenn die Sonne scheint. Ertrage auch den Regen.«

Marc konnte sehr klar sprechen. Fast ein wenig hart. »Frage dich: Ist das denn wichtig, ob das jeder kann?«

»Klar, ich will doch wissen, ob es wirklich für mich funktionieren kann.«

»Genau«, sagte Marc. »*Für dich!* Ich spreche zu dir, nicht zu allen Menschen. Wenn ich für mich etwas Neues lerne, dann weiß ich nicht, ob es für alle funktionieren kann. Das ist auch nicht die Frage. Ich muss etwas anderes wissen: Funktioniert es für mich? Kann ich das in meinem Leben umsetzen? Und jetzt geht es um dich. Und um die Frage: Kannst du das? Denn was ich dir hier sage, ist nicht für alle Menschen bestimmt. Es ist nur für die, die wirklich etwas verändern wollen. *Für die Menschen, die bereit sind, den Preis zu bezahlen.* Das sind niemals alle.«

Falls Marc beabsichtigte, mit seinen Worten Karl Mut zuzusprechen, funktionierte das nicht. Im Gegenteil, Karl fühlte sich nur noch deprimierter: »Ich bin für Spitzenleistungen nicht geschaffen. Ich bin zu weich. Ich bin ein Versager. Es tut mir so leid, dass ich dich enttäuscht habe.«

Marc sprach mit lauter und harter Stimme: »Schluss jetzt! Werte dich nie wieder dermaßen ab. Denn indem du so von dir sprichst, wertest du dich ab. Machst dich klein. Dein Universum schrumpft. Und du gibst Macht ab.«

»Ich erinnere mich, dass du mir das schon mal erklärt hast: Viele der schlimmsten Lügen beginnen mit: *Ich bin ...* Aber irgendwie sitzt es sehr tief in mir drin. Mein Vater hat immer gesagt, dass ich zu weich bin. Erst vor einigen Tagen hat er das noch wiederholt«, murmelte Karl.

»Du wiederholst also, was andere Menschen über dich gesagt haben?! Menschen, die es nicht gut mit dir meinen. Weißt du, was du auf diese Weise machst? Du erlaubst, dass ihre schlechte Meinung über dich zu deiner Realität wird. Und im Ergebnis willst du Mitleid bei den anderen erregen.«

»Aber ich glaub wirklich nicht, dass ich es kann ...«

»Versuche nicht zu bestimmen, was du kannst. Und was du nicht kannst. Diese Urteile stammen alle aus der Vergangenheit. Damals hattest du ein ganz anderes Selbstbewusstsein. Vielleicht konntest du etwas bis heute nicht. Aber von jetzt an kannst du es, wenn du dich dazu entscheidest. Dein Selbstbewusstsein hat sich verändert.«

»Aber mein Knie ist doch immer noch verletzt!«

»Eindeutig. Aber trotzdem bestimmst du, was das emotional für dich bedeutet. Was das mit deinem Selbstbewusstsein macht. Und welche Schlussfolgerungen du daraus ziehst. Du kannst dich doch nicht ernsthaft von einem verstauchten Knie um die Chance deines Lebens bringen lassen.«

Diese Worte erreichten Karl. Er gab sich selbst ein Versprechen: »Ich gebe nicht auf.«

• • •

Karl dachte, es könne nicht schlimmer kommen. Aber zu Hause fand er einen Brief von seinem Vater. Der brach nun völlig mit ihm und teilte ihm mit, dass er keinen Sohn mehr habe. Dass er ihn enterbt habe.

Am Abend gab er Anna den Brief zu lesen. Sie sagte: »Den hast du jetzt erst einmal aus den Füßen. Und das ist gut so. Er raubt dir Energie.«

»Wahrscheinlich hast du recht«, antwortete Karl. »Aber es tut trotzdem weh. Und ich frage mich: Warum ist der so?«

»Dazu passt die Geschichte vom Wellensittich«, erklärte Anna.

»Ein Wellensittich sitzt allein in seinem Käfig. Auf einmal sieht er sich selbst im Spiegel. Er fühlt sich von dem Anblick im Spiegel arg bedroht, und so hackt er aggressiv auf den Spiegel ein. Er will den vermeintlichen Nebenbuhler vertreiben, weil der so wütend aussieht. Nach wenigen Momenten hackt er noch viel aggressiver, weil auch sein Spiegelbild aggressiver ist. Und er merkt dabei gar nicht, dass er die ganze Zeit auf sein eigenes Spiegelbild einhackt. Es gibt keine zwei Wellensittiche in dem Käfig; er bekämpft nur sich selbst.«

Dann wiederholte Anna ihre Worte noch einmal: »Ich glaube wirklich, das ist gut so für dich. Er tut dir nicht gut. Lass ihn gehen.«

Karl spürte, dass sie recht hatte. Aber leicht war es nicht.

• • •

In den nächsten Tagen brauchte Karl die Unterstützung der anderen Schauspieler. Er musste mit ihnen zusammen üben. Wenigstens die Szenen, in denen er kein funktionierendes Knie benötigte. Wenn er rennen musste, würde er improvisieren müssen.

Doggy nutzte jede erdenkliche Gelegenheit, um gegen ihn zu intrigieren. Es war unfassbar, was dieser kleine, bärtige Mann sich alles ausdachte.

Nach einer Probe gab Doggy vor zu stolpern, hielt sich an Karl fest, nieste und zischte scheinheilig: »Oh, das tut mir aber leid. Ich habe mich ganz schlimm erkältet. Ich hoffe nur, dass ich dich nicht angesteckt habe. Denn das ist wirklich ein ganz ekliges Grippevirus.«

Bevor er ging, fügte er mit gehässigem Nachdruck hinzu: »Doch, genau das ist passiert. Du hast das Virus jetzt auch. Es breitet sich schon in dir aus. Ich kann es fühlen. Brrrrrr.«

Drei Tage später fühlte Karl sich krank und schlapp. Doggy hatte ihn tatsächlich angesteckt. Aber das Schlimmste war: Er wurde so heiser, dass er fast nicht mehr sprechen konnte. Er nahm alle erdenklichen Mittel. Schnupfen und Gliederschmerzen ließen nach, aber die Stimme blieb weg.

Da kapitulierte Karl innerlich: ohne Stimme kein Vorspielen. Es war aber auch zum Verzweifeln: Kaum rappelte er sich mithilfe seiner Freunde wieder auf, bekam er den nächsten Schuss vor den Bug.

Marc empfahl ihm eine Sprechtherapeutin, Svea, die ihm selbst einmal geholfen hatte. Er hatte auch schon einen Termin für Karl ausgemacht. Denn normalerweise war Svea viele Wochen im Voraus ausgebucht.

Karl mochte Svea sofort. Er erzählte ihr flüsternd von der

Chance vorzuspielen. Von seinem Vater, der ihn enterbt hatte; von Doggy, der ihm vorausgesagt hatte, dass er erkranken werde.

»Das ist die Macht der Worte«, sagte Svea lächelnd. »Weißt du, dein größter Feind ist nicht Doggy. Auch nicht dein Vater. Das bist du selbst. *Was andere zu dir sagen, ist nicht wichtig. Wichtig ist, was du zu dir selbst sagst, nachdem sie etwas gesagt haben.*«

»Klar«, empörte sich Karl. »Ich hab mich wohl auch selbst mit dem Virus infiziert …«

»Mit Worten infizieren wir uns tatsächlich selbst. Das sind mentale Viren.« Svea ließ sich nicht beeindrucken.

»Du könntest eine Zwillingsschwester von Marc sein«, flüsterte Karl. »Was soll ich jetzt tun? Mit der Stimme kann ich nicht vorspielen. Und der Termin ist in wenigen Tagen.«

Svea lächelte weise: »Ich beobachte dieses Phänomen öfter. Kurz vor einem ganz wichtigen Ereignis versagt die Stimme. Da bist du nicht allein. Du würdest dich wundern, wie vielen Prominenten das schon so gegangen ist. Bis jetzt habe ich allen helfen können. Wenn du mitmachst, werde ich auch dir helfen können.«

»Aber meine Stimme ist doch fast weg …«

»Stimme kommt von Stimmung. Das heißt, wir können am Klang unserer Stimme hören, wie wir uns fühlen. Wenn es dir gelingt, deine Gefühle über dich zu verändern, dann wird auch deine Stimme schnell wieder kräftiger.«

»Damit sind wir also wieder beim Selbstbewusstsein«, meinte Karl. »Hängt denn alles damit zusammen?«

»Unsere Stimme jedenfalls stark«, bestätigte Svea. Sie schaute Karl ernst an und fragte: »Darf ich dir einen wichtigen Rat geben?«

Karl nickte.

»Gut. Eine der wichtigsten Erkenntnisse ist: *Nichts geschieht gegen dich. Alles geschieht für dich.*«

Das musste Karl erst einmal sacken lassen. Dann fragte er zweifelnd: »Mein Knie, meine Heiserkeit geschieht für mich? Ich müsste in einigen Szenen brüllen, das kann ich vergessen. Was bitte ist daran gut für mich?«

»Das sieht erst mal nicht so aus, das gebe ich gerne zu«, erwiderte Svea. »Aber ich weiß genau: Alles geschieht für uns. Auch wenn wir es nicht sofort verstehen. Für deine lauten Szenen habe ich eine Idee: Es geht ja um Intensität, nicht unbedingt um Lautstärke – was, wenn du in diesen Szenen flüsterst. Damit kannst du sie sehr wirkungsvoll gestalten. Wenn du das gut machst, kann es noch viel beeindruckender sein. Brüllen können viele. Aber flüstern …«

Karl dachte nach. In Gedanken ging er die Szenen durch: Das könnte gehen …

Svea ermutigte ihn: »Für die normalen Szenen brauchst du nur deine normale Stimme. Das bekommen wir in den verbleibenden Tagen hin. Und jetzt weißt du, du musst nicht brüllen. Du kannst auch auf andere Weise sehr überzeugend sein, intensiv sein. Wir können das zusammen üben.«

Sie trainierten vorsichtig. Schließlich spürte Karl: Das geht. Das geht sehr gut. Dann beschrieb Svea ihm verschiedene Übungen, die er machen konnte. Es waren kleine Ton- und Lockerungsübungen für Hals und Kehlkopf. Und sie fügte jede Menge praktischer Tipps hinzu.

• • •

Karls Gefühlslage schwankte. Als er Svea verließ, fühlte er sich recht gut. Aber am Abend hatte er erneut das Gefühl, dass er die ganze Last nicht tragen konnte. Sein Vater. Das

Vorspielen. Doggy. Sein Knie. Jetzt auch noch dieser Stimmverlust. Alles schien sich gegen ihn verschworen zu haben. Vielleicht sollte es nicht sein.

Der Gedanke ließ ihn nicht mehr los: *Vielleicht sollte es nicht sein.* Vielleicht war er gar nicht in der Lage, Spitzenklasse zu sein. Vielleicht war er einfach nur ein ganz normaler Mensch mit großer Angst. Mit zu großer Angst.

Am Abend besuchte ihn Anna, aber er beachtete sie kaum, denn er war viel zu sehr mit sich selbst beschäftigt. Seine Laune wurde bald immer schlechter und seine Zweifel immer größer. Er spürte, dass er drauf und dran war, sein Versprechen zu brechen, das er Marc und Michael gegeben hatte: dass er nicht aufgeben würde, dass er Schauspieler werden würde.

Er sagte sich: »Ich gebe gar nicht auf. Das ist Quatsch. Sondern ich mache nur etwas nicht, wozu ich gar nicht das Naturell habe. Diese komischen Leute sehen etwas in mir, was ich gar nicht bin. Aber ich weiß es besser. Ich kann das nicht. Ich bin das nicht.«

Auf einmal stellte Karl alles infrage. Wirklich alles und jeden. Er zweifelte plötzlich sogar an Marc: »Vielleicht ist der Brain nur ein komischer Guru. Und vielleicht hat er mich *gebrain-washed.*« Und wie sich der todkranke Michael verhielt, konnte auch nicht mit rechten Dingen zugehen.

So grübelte er eine Weile. Schließlich bemerkte er, dass Anna ihn die ganze Zeit beobachtete. Er sagte recht barsch: »Das mit uns ist auch so komisch. Du bist mir so weit überlegen. Was siehst du in mir? Willst du meinen Erfolg, um deine Meinung über mich bestätigt zu sehen? Bin ich nicht gut genug für dich, so wie ich bin? Soll ich ein erfolgreicher Schauspieler werden, damit du sagen kannst: ›Ich hab das gleich in ihm gesehen?‹«

Anna war getroffen. Ihre Augen füllten sich mit Tränen. So hatte Karl sie noch nie erlebt. Sie brauchte eine Weile, bis sie antworten konnte: »Was du sagst, tut mir weh. Obwohl ich weiß, dass du nur dein Problem auf mich projizierst. Ich weiß, dass du nicht mich meinen kannst. Denn ich will dir nur Gutes. Und ich liebe dich aufrichtig. Aber du musst meine Liebe auch zulassen.«

Karl antwortete nicht. Jede Silbe hallte in seinem Kopf nach. Sie hatte sehr leise gesprochen. Und trotzdem hatte jedes einzelne Wort ein ungeheures Gewicht. Er musste jetzt nachdenken.

Leise erwiderte er: »Anna, du hast recht. Ich wollte dich nicht verletzen. Ich bin dabei, mich selbst zu verletzen. Ich hab dich auch nicht gemeint. Ich hab gerade ein riesengroßes Problem mit mir selbst. Das muss ich jetzt lösen. Ich muss nachdenken ... Ich geh ein bisschen raus an die frische Luft.«

»Alles ist gut«, sagte Anna.

Karl lief durch die Nacht. Hatte sie eben wirklich gesagt: »Alles ist gut«? Hatte sie! Wie war das möglich? Wie sehr er sie liebte! Er konzentrierte sich auf ihre Liebe: Er spürte dieses unvergleichlich warme Gefühl. Er sah sie wie ein helles Licht, das ihn erfüllte. Er hörte ihre Stimme, die so viel Wärme und Wohlwollen ausdrückte.

Nach und nach verschwand seine Angst, und seine Resignation löste sich auf. »Alles ist gut«, fühlte jetzt auch er.

Auf einmal erfüllte ihn eine große Klarheit: »Ja, alles ist gut.« Er hatte gar kein Problem. Er schuf sich Probleme. Das tat er, indem er bestimmten Situationen eine so negative Bedeutung gab, dass sie wie ein Problem aussahen. Er musste nur damit aufhören und: Alles war gut.

Objektiv betrachtet hatte er gerade die größte Chance seines Lebens. Klar, er hatte ein verletztes Knie und nicht viel Stimme. Aber für alles gab es Lösungen. Die Probleme fanden nur in seinem Kopf statt. Alles war gut!

Er konnte sich selbst nicht erklären, wo diese Klarheit auf einmal herkam. Karl wusste plötzlich: Er hatte soeben seinen tiefsten Punkt erreicht. Und als er ganz unten gewesen war, hatte er erkannt, dass er eine Wahl hatte.

Und *wer erkennt, dass er eine Wahl hat, hat die tiefste Stelle bereits verlassen.* Ja, es war wirklich anspruchsvoll geworden, wie Marc das nannte. Karl schmunzelte.

Alles, was er bis zu diesem Zeitpunkt erlebt hatte, war nur die Vorbereitung. Jetzt konnte und musste er eine wirkliche Wahl treffen. Seine Wahl. Jetzt musste er sich entscheiden: WER BIN ICH? Bin ich jemand, der aufgibt? Oder jemand, der sein Versprechen hält? Bin ich Mittelklasse oder Spitzenklasse?

Er lachte grimmig: »Diese verdammt genialen Fragen. BIN ICH LIEBENSWERT? Hab ich meine Traumfrau verdient, weil ich alles tue, um der Beste zu werden, der ich sein kann?«

Es ging tatsächlich nur um diese drei Fragen. KANN ICH DAS? In der Theorie hatte sich alles so einfach angehört. Klar, es war zunächst neu gewesen, aber es hatte nicht besonders gewaltig gewirkt. Alles, was er entscheiden musste, war: *Verhalte ich mich von nun an so, als wenn ich es nicht könnte? Oder verhalte ich mich so, als wenn ich es könnte?*

Wenn er in diesem Moment nicht aufgeben würde, ginge es bergauf. Er musste sich jetzt entscheiden … Nein, durchzuckte es ihn plötzlich. Er musste sich nicht entscheiden. Er hatte sich schon entschieden. Das war ihm nur nicht bewusst gewesen. Seine Angst hatte seine Gedanken vernebelt. Aber nun hatte er Klarheit.

Jetzt war seine Entscheidung tief in ihm angekommen. Jetzt war sie Teil seines Selbst geworden. Er sagte mit lauter Stimme in das Dunkel des Parks hinein: »*Ich werde nie wieder aufgeben.* Ich werde mein Wort halten. Ich habe mich für den Weg der Liebe entschieden. Ich bin liebenswert. Angst wird vielleicht immer mal wieder da sein, aber sie wird mich nicht mehr komplett stoppen.

Ich bin Schauspieler. Ich liebe das Filmen und Spielen, und ich werde filmen und spielen. Und wenn sie mich auf einer Bahre zum Vorspielen hineintragen müssen. Ich werde tun, was ich kann. *Ich werde meinen Weg gehen, ganz gleich, was bei dem Vorspielen passiert.*«

• • •

Als er in seine Wohnung kam, schlief Anna schon fast. Er kuschelte sich liebevoll an sie. »Alles ist gut«, flüsterte er ihr ins Ohr.

»Ich weiß«, murmelte sie verschlafen.

Er ahnte, dass er wieder diesen Traum haben würde: Er war auf dem dunklen Baum, fiel hinunter, verletzte sich sein Knie und sah, wie dieser furchterregende Baum sich zuerst in seinen Vater und dann in ihn selbst verwandelte. Dann brachte die alte Frau ihn zu dem hellen Baum, der sich zunächst in seine Freunde und dann in ihn selbst verwandelte.

Als Karl aufwachte, war er zum ersten Mal nicht beunruhigt. Er spürte: »Dieser Traum beinhaltet eine wichtige Wahrheit über mich.« Bald schon würde er diese Bedeutung verstehen. Neugierig schaute Karl in sein lila Buch. Und richtig, es gab einen längeren neuen Eintrag:

Probleme sind neutral. Entscheidend ist, welche Bedeutung wir ihnen geben. Wenn wir ihnen Bedeutung geben wollen, so sind sie einfach das Material, aus dem wir unsere Triumphe bauen können.

Das eigentliche Problem ist nicht die missliche Situation selbst. Es ist vielmehr unsere Art, das Problem zu sehen. Es gibt nur ein einziges wahres Problem: Wenn wir denken, ein Problem sei außerhalb von uns selbst.

Wenn du auf ein Problem stößt, so frage dich: Wie groß bist du, Karl? Wie groß bist du wirklich? Wenn du größer bist als das Problem, dann verhalte dich auch so. Wenn du kleiner bist als das Problem, so nutze es, um zu wachsen.

Meist wollen wir nicht durchmachen, was wir durchmachen müssen, um zu dem zu werden, der wir sein wollen und sein können. Wir wachsen aber nur in Situationen, die uns wirklich fordern.

Die Anstrengung lohnt sich: Wenn du Meister im Umgang mit Problemen geworden bist, dann kann dich nichts mehr aufhalten. Gar nichts! Und wenn dich nichts aufhalten kann, dann hast du die freie Wahl. Was immer du willst, du weißt: Ich kann das. Das ist Freiheit.

Nur wenn du größer bist als deine Probleme, bist du wirklich frei. Wer kleiner bleibt als seine Probleme, ist Gefangener seiner Probleme.

Je größer dein Selbstbewusstsein ist, umso kleiner erscheinen dir deine Probleme. Denn du bist dann in deiner Eigenwahrnehmung größer als das Problem.

Wann bist du groß? Wenn du weißt, wer du bist, und dass du liebenswert bist und das kannst. Wenn du das weißt, dann fühlst du dich groß. Und wenn du dich groß fühlst, dann bist du groß. Es hängt wirklich alles vom Selbstbewusstsein ab. Du kannst nur glücklich und erfolgreich sein, wenn du selbstbewusst bist.

> Letztendlich wirst du im Leben immer für deine Fähigkeit belohnt, mit Problemen umzugehen. Das gilt für Glück, Freundschaft und auch für Geld. Und je größer dein Selbstbewusstsein ist, umso besser kannst du Probleme lösen.

»Diese Worte hätte ich gestern gebraucht«, dachte er. Aber er gestand sich auch ein: Gestern hätte ich die Wahrheit darin höchstwahrscheinlich nicht erkannt.

An diesem Morgen machte er seine Spiegel-Übung mit voller Überzeugung: »Ich liebe dich, Karl. Du bist ein fantastischer Schauspieler. Du bist liebenswert. Du bist stärker, als du dachtest. Du hast dich entschieden, der Beste zu sein, der du sein kannst. Das ist ziemlich gut. Denn du hast wirklich Talent. Und jetzt zeigst du es der Welt.«

Auch sein Erfolgs-Journal bereitete ihm heute geradezu Freude. Er hatte so viel zu notieren …

• • •

Karl war mit Marc verabredet, diesmal zum Frühstück. Nach der üblichen sehr freundlichen Begrüßung schilderte er seinem älteren Freund die Krise, die er gestern erlebt hatte. Er schloss seinen Bericht mit den Worten: »Ich hab an allem und jedem gezweifelt, sogar an Anna und an dir; schließlich hab ich wirklich gedacht, *ich kann nicht mehr.*«

Marc lachte, und es klang verständnisvoll: »Das haben wir alle mal erlebt. Ich kenne keinen großen Menschen, der nicht schon in Versuchung stand, aufzugeben. Aber wichtig ist, dass wir es eben nicht tun. Viele entscheiden sich gegen die Liebe. Gegen ihre Leidenschaft. Sie lassen sich von ihrer Angst bezwingen. Und ganz oft hat das nur den Grund, dass die meisten Menschen sich nicht mit den drei entscheidenden Fragen auseinandergesetzt haben: Kann ich das? Bin ich liebenswert? Wer bin ich?

Ich stelle dir jetzt eine wichtige Frage: Wärst du heute glücklich, wenn du gestern aufgegeben hättest?«

»Natürlich nicht«, antwortete Karl. »Ich würde mir vielleicht einreden, etwas befreiter zu sein, weil ich mich nicht mehr so anstrengen müsste. Aber sicher wäre ich nicht stolz auf mich – und nicht glücklich. Und ich würde mich nicht besonders mögen. Ich glaube, ich würde mich verachten.«

»Darum habe ich dir gleich zu Anfang unserer Freundschaft gesagt: *Du kannst nur dann ein erfülltes, erfolgreiches und glückliches Leben haben, wenn du selbstbewusst bist.*«

»Ich erinnere mich«, antwortete Karl. »Ich hielt es damals für arg übertrieben.«

Marc schaute seinen jungen Freund ernst an: »Wenn du aufgegeben hättest, dann wärst du ein Lügner.«

»Ist das jetzt nicht ein bisschen hart?«

»Nein, denn du hast Michael und auch mir versprochen, dass du nicht aufgeben wirst. Nur ein Lügner bricht sein Versprechen.«

Karl sah ihn nachdenklich an: »Ich hab mein Versprechen sicher nicht leichtfertig gegeben. Aber Lügner ist schon ein hartes Wort.«

Marc sagte: »Die wichtige Frage ist doch: Warum hast du dieses Versprechen gegeben? Du hast es gemacht, *um eine Kraft zu bekommen, die du selbst noch nicht hattest.* Diese Kraft hat dich einen bestimmten Weg gehen lassen. Und dieser Weg hat dich gestern in eine Krise geführt. Das Versprechen war wie ein Wegweiser, der immer wieder gezeigt hat: Da geht es lang. Solche Hilfen brauchen die meisten von uns. Und als du dann deine dunkelste Stunde erlebt hast, da hast du deine eigene Kraft entdeckt.«

»Apropos Lüge«, fuhr Marc nach einer Weile fort. »Die meisten Menschen sagen sich selbst die Unwahrheit, wenn sie behaupten, ›ich kann nicht mehr‹.«

»Na ja«, entgegnete Karl. »Für diese Menschen ist es durchaus ihre Wahrheit. Ich hab das ja gestern auch gedacht.«

»Vielleicht ist es gar nicht ihre Wahrheit, sondern ihre Lüge.« Marc forderte Karl auf: »Bringe bitte mal deinen rechten Arm so hoch du kannst.« Karl tat es.

»Okay«, sagte Marc. »Jetzt hebe ihn bitte noch einmal um drei Prozent höher.« Auch das konnte Karl.

»Und jetzt noch ein Prozent höher.« Auch das gelang Karl.

Marc erklärte: »Wissenschaftliche Studien zeigen etwas Verblüffendes: Was die meisten Menschen für hundert Prozent ihrer möglichen Leistung halten, entspricht in Wahrheit nur vierzig Prozent. Es ist ihnen schlicht nicht bewusst, dass sie aus dem Stand heraus mehr als doppelt so viel könnten.«

»Also, als ich meinen Arm eben gehoben habe, war er deutlich höher als vierzig Prozent. Ein paar Prozent mehr waren drin, das hab ich gesehen. Aber über hundert Prozent mehr? So lang ist mein Arm ja gar nicht!«

»Bist du dir da sicher?«, fragte Marc. »Du hättest vielleicht auf einen Stuhl steigen können oder auf einen Tisch. Oder du hättest in ein höheres Stockwerk gehen können. All das hast du aber nicht gemacht, weil du dachtest: Mehr geht nicht; das sind jetzt meine hundert Prozent.«

»Und was ist die Lehre daraus?«, fragte Karl.

»Sage niemals: ›Ich kann nicht.‹ Oder: ›Ich bin nicht gut genug.‹ Denn so fokussiert du dich auf Probleme. Frage dich lieber: ›*Wie* kann ich es schaffen?‹ Dann macht sich dein Geist auf die Suche nach Lösungen. Und du wirst unzählige Möglichkeiten finden.«

Karl dachte einen Moment lang nach und fragte schließlich: »War es denn klug, dass ich ein Versprechen gegeben habe, von dem ich gar nicht wusste, ob ich es würde halten können?«

»Absolut, denn durch dieses Versprechen bist du einen ganz bestimmten Weg gegangen. Du hattest nur noch die Wahl, ein Lügner zu sein oder dein Versprechen zu halten. Ich schicke dir schnell eine WhatsApp-Botschaft.«

> Du weißt nie, wie stark du bist, bis Starksein die einzige Wahl ist, die du hast.

Karl musste über die Eigenart von Marc, solche einprägsamen Sätze zu versenden, schmunzeln. Aber er wertschätzte diese schriftlichen Mitteilungen auch sehr.

In dem Moment brachte der Kellner ihr Frühstück, und sie aßen mit großem Appetit und wie immer fast schweigend.

• • •

Als sie fertig waren, erzählte Karl von seinem Traum. Er schilderte ihn ausführlich. Und er sagte auch, dass er nach der Botschaft suche, die dieser Traum ihm bringen solle.

Marc hörte aufmerksam zu, dann dachte er eine ganze Zeit lang nach. Schließlich sagte er: »Ich glaube, die Botschaft hast du selbst schon beschrieben. Der dunkle Baum will dich mit seinem Gift zerstören. Aber er kann dir nichts antun. Diese Kraft hat er nicht. Er kann dich nur verführen, dich selbst zu zerstören.«

Karl nickte nachdenklich; er dachte an den Eintrag, den er heute Morgen in seinem lila Buch gefunden hatte. Er holte das Journal heraus und las daraus vor: »Das einzig wahre

Problem ist, dass wir denken, das Problem sei außerhalb von uns selbst.«

»Sehr gut formuliert«, lobte Marc.

»Ich hab das nicht geschrieben ...«

»Schon klar«, lachte Marc. »Ich glaube, der Traum zeigt dir eine ganz wichtige Wahrheit: Niemand hat Macht über dich. Zumindest dann nicht, wenn dir bewusst ist, wer du bist.«

Karl bat Marc, einen Moment zu warten. Er notierte sich:

Wenn mir bewusst ist, wer ich bin, dann hat kein anderer Macht über mich.

Marc fuhr fort: »Du musst dich einfach entscheiden, *wer* du sein willst: der dunkle Baum oder der helle? Willst du ein Mensch voller Angst und Zweifel sein oder ein Mensch voller Liebe und Leidenschaft?

Die Essenz von Selbstbewusstsein ist die Fähigkeit, deinen eigenen Weg zu wählen. Und alles beginnt mit deinen Gedanken. *Du wirst das, worüber du nachdenkst.* Ob du es willst oder nicht. Du trainierst dich mit deinen Gedanken gewissermaßen. Du lehrst dich und andere Menschen, wie man mit dir umgehen soll. Wenn du nicht gut über dich selbst denkst, dann behandelst du dich selbst nicht gut. Und du lehrst andere Menschen, dass sie dich auch nicht gut behandeln müssen.«

Karl erinnerte sich, dass Don José etwas Ähnliches gesagt hatte. Er zitierte den Satz: »Wenn du dich selbst liebst und respektierst, ist es unmöglich, dass du jemals anderen gestattest, dich respektlos und unwürdig zu behandeln.«

»So ist es«, bestätigte Marc. »Und wenn wir uns selbst wirklich kennen, dann lieben wir uns auch selbst.«

Karl dachte eine ganze Zeit lang über den Traum nach.

Dann sagte er: »Ich glaube, das hab ich verstanden. Ich kann der dunkle Baum sein oder der helle. Wenn ich es nicht zulasse, hat niemand Macht über mich. Je mehr ich auf den hellen Baum höre, umso mehr werde ich zu diesem Baum.«

»Ausgezeichnet«, lobte ihn Marc. »Aber ich möchte dir noch etwas sagen: Es gibt normale Träume, und es gibt *luzide* Träume.«

»Was ist ein luzider Traum?«, fragte Karl.

»Das ist ein Traum, in dem dir bewusst ist, dass du gerade träumst. Und wenn du dieses Bewusstsein hast, dann kannst du meist auch den Fortgang des Traums beeinflussen.«

»Du meinst, ich kann entscheiden, wie der Traum weitergeht? Das ist mir noch nie in den Sinn gekommen.«

»Versuch es«, riet ihm Marc. »Ich kann es dir nicht versprechen, aber möglicherweise kannst du auch hier viel mehr, als du im Moment für möglich hältst. Wenn du das nächste Mal diesen Traum hast, versuche ihn zu verändern.«

Karl war einmal mehr überrascht, welche Möglichkeiten es im Leben gab. Seinen Traum zu verändern … Wer hatte denn so etwas schon einmal gehört? Bewundernd schaute er Marc an. Was für ein cooler und weiser Typ!

Bevor sie sich verabschiedeten, sagte Marc: »Du hast in den letzten Monaten sehr viel geübt. Dafür spreche ich dir meine Hochachtung aus. All das Üben hatte vor allem einen Sinn: Dass du im entscheidenden Moment auf den richtigen Baum hörst. Auf den hellen Baum.

So viele Menschen wollen nicht üben. Sie warten lieber auf das Wunder. Aber wer übt, hat verstanden: *Wir müssen selbst das Wunder werden.* In drei Tagen ist es so weit. Dann wirst du vorspielen. Und du wirst so spielen, als wenn du nur übst. Du wirst locker sein. Du bist dann der helle Baum.«

Karl hörte in sich hinein, und es überraschte ihn: Er verspürte keine Angst. Er freute sich auf den Event. Er teilte Marc seine Entdeckung mit.

Der Ältere sagte fröhlich: »Wir werden natürlich alle dabei sein, um dich zu unterstützen. Anna, Michael, selbst Don José wird da sein, denn er macht gerade eine Tour durch Europa.«

»Es wird gut«, sagte Karl. Seine eigene Zuversicht überraschte ihn. Und sie tat ihm gut. Marc umarmte ihn zum Abschied herzlich.

Wenige Minuten später erhielt Karl noch eine WhatsApp-Nachricht von seinem Freund, ein Zitat von Martin Luther King Jr.:

> Wenn du nicht fliegen kannst, renne.
> Wenn du nicht rennen kannst, gehe.
> Wenn du nicht gehen kannst, krabble.
> Aber was auch immer du tust, du musst weitermachen.

TEIL III
ICH KANN DAS

10 DER ENTSCHEIDENDE MOMENT

In der Nacht vor dem entscheidenden Vorspielen träumte Karl wieder seinen Traum. Aber diesmal war er sich bewusst: »Ich träume.« Es begann wie immer: Karl wurde von seinem Vater zu dem dunklen Baum geschickt. Und sofort zog ihn der unheimliche schwarze Baum in seinen Bann.

Doch jetzt wehrte Karl sich dagegen. Er spürte: »Ich muss den Traum nicht erneut ertragen. Ich kann ihn verändern.« Es strengte ihn an, aber es ging. Er zwang sich, zu dem hellen Baum zu schauen. Und zu Anna, die unter diesem Baum stand. Trotzdem zog ihn der schwarze Baum ein Stück zu sich.

Da hatte Karl eine Idee: Er bat die Frau mit den weißen Haaren und dem roten Pullover um Hilfe. Und auf einmal ging es ganz leicht: Die alte Frau nahm ihn an der Hand und brachte ihn zu dem hellen Baum. Der Baum verwandelte sich, verschmolz mit Anna, wurde zu seinen Freunden – und schließlich zu ihm selbst.

Dann träumte Karl, wie der helle Baum, der in Wahrheit er selbst war, immer heller strahlte. Schließlich strahlte er so hell wie die Sonne. Karl spürte eine unendliche Liebe in sich. Er genoss diese Vision, und er zog sie eine ganze Zeit in die Länge. Er wollte diesen schönen Moment bewusst genießen.

Schließlich wachte er auf. Er blinzelte und sah, dass Anna ihn anblickte: »Du schaust mir beim Schlafen zu?«

»Du hast plötzlich so glücklich ausgesehen. Als wenn du innerlich strahlen würdest. Das war wunderschön«, antwortete Anna.

»Ich liebe dich«, sagte Karl glücklich.

»Liebst du auch das Schauspielen?«

»Das weißt du doch!«

»Dann mache ich mir keine Gedanken über deinen Auftritt heute. Denn Liebe ist die höchste Form von Brillanz.«

»Meine kleine Philosophin …«

»Nein«, sagte Anna, »ich meine es ernst: Zeige ihnen einfach, dass du liebst, was du tust. Du musst niemanden beeindrucken. Sei einfach du selbst. Dann bist du brillant. Du musst niemandem etwas beweisen. Auch mir nicht. Ganz gleich, wie das heute läuft, ich liebe dich. Spiele so, als wenn du üben würdest. Zeige ihnen, wie brillant du bist.«

»Ich werde wie ein gewaltiger Orkan über die Bühne fegen«, rief Karl übermütig und sprang aus dem Bett. Rasch lief er zum Badezimmer. Plötzlich blieb er wie angewurzelt stehen: »Mein Knie. Mein Knie!«

»Hat es sich verschlimmert?«, fragte Anna besorgt.

»Nein, es tut maximal nur noch halb so weh. Ich kann es gar nicht fassen. Hast du mich eben laufen gesehen?«

Dann erzählte er Anna von seinem Traum. Und dass er Marcs Rat gefolgt war und den Traum tatsächlich hatte ändern können. Schließlich erkannte er: »Ich bin ja diesmal gar nicht von dem Baum gefallen. Also hab ich mir auch nicht mein Knie verletzt.«

»Das ist ganz schön spooky«, meinte Anna beeindruckt.

»Ich kann das auch nicht erklären. Jedenfalls brauche ich die Krücken heute nicht.«

Während sie frühstückten, kam eine WhatsApp von Marc. Karl hatte sie schon erwartet:

> Du kannst kurz weinen, schreien und an dir zweifeln. Und wenn du damit fertig bist, dann machst du weiter und schaffst das, was du wirklich willst.

»Genauso mache ich das«, nickte Karl überzeugt. Da durchzuckte es ihn: Er hatte seine morgendlichen Rituale vergessen. Schnell machte er seine Spiegel-Übung und notierte dann einige Erfolge in sein Journal. Er spürte: Heute war das besonders wichtig. Dann fuhr er zusammen mit Anna zum Studio.

• • •

In seiner Garderobe wartete eine Überraschung auf ihn. Dort saß der große Star, Richard. Sofort fühlte Karl sich schuldig: »Ich soll versuchen, deine Rolle zu spielen. Und ich hab dich gar nicht gefragt, ob das okay für dich ist.«

Richard lächelte und erwiderte: »Mir geht es schon etwas besser. Ich bin gekommen, um dir Mut zu machen. Ich weiß, wie schwer das erste entscheidende Vorspielen ist.

Weißt du, ich habe jetzt jahrelang eine Rolle nach der anderen angenommen. Jetzt wollen mein Körper und mein Geist eine Auszeit. Darum ist es sehr gut, dass du das jetzt machst. So kann ich loslassen. Ich werde mindestens ein Jahr lang gar nicht arbeiten. Einfach mal nur so in den Tag hineinleben.

Ich möchte, dass du weißt: Ich freue mich für dich. Wir alle brauchen eine Chance für unseren Durchbruch. Und wenn sie kommt, dann müssen wir zugreifen. Die Investoren haben gefragt, ob ich zuschaue und ihnen meine Einschätzung mitteile. Das mache ich gern. Ich bin mir sicher: Du wirst gleich sehr gut sein. Ich weiß das. Ich habe mit dir geübt, ich kann das beurteilen. Du bist brillant. Und ich werde besonders laut klatschen.«

Karl fühlte sich sehr befreit und fragte Richard, ob er ihn umarmen dürfe.

»Sehr gerne.«

Die Umarmung war herzlich, und dann ließ Richard ihn allein. Karl schaute sich in seiner Garderobe um. Gleich würde die Maskenbildnerin eintreffen. Und dann ... kam der entscheidende Moment.

Vorsichtig testete Karl seine Stimme. Sie war immer noch schwach. Aber es würde gehen. Dann belastete er sein rechtes Knie. Auch das war so weit okay. Die Sekunden krochen langsam dahin. Konnte er seinen Text noch? Er ging einige Dialoge im Kopf durch. Da fiel ihm eine Zeile nicht ein. »Verdammt!«

Seine Aufregung wuchs, und sein Herz pochte immer schneller. Es *musste* ihm einfallen. Er strengte sich verzweifelt an, aber er konnte sich nicht erinnern ... Dann spürte er, wie die Aufregung sich langsam, aber beständig in Angst verwandelte. Panik erfüllte ihn. Der schwarze Baum war plötzlich wieder da.

»Das kann ich jetzt gar nicht gebrauchen«, sagte er laut.

»Oh, wir sind nicht erwünscht«, hörte er eine bekannte Stimme an der Tür. Er hatte überhaupt nicht bemerkt, dass er Besuch bekommen hatte. Michael hatte gesprochen, und jetzt betrat er den Raum und hinter ihm folgten Don José und Marc.

»Euch hab ich nicht gemeint«, stammelte Karl.

Michael schaute sich theatralisch um: »Also ehrlich, Alter, außer uns sehe ich hier gerade nicht so viele andere.«

»Ich hab zu meinen Ängsten gesprochen ...«

»Hui Buh und seine Geschwister sind hier? Jetzt mal im Ernst: Wovor hast du Angst?«, fragte Michael.

»Es ist wie eine schwarze Wolke. Es lähmt mich. Ich weiß nicht genau, wovor ich Angst habe. Vielleicht, dass ich meinen Text vergesse. Mir fällt gerade eine wichtige Zeile nicht ein ...«

»Dann erfindest du irgendetwas«, sagte Michael. »Ich habe die alten Jungs da draußen gesehen, das sind Geldleute; die kennen das Drehbuch bestimmt nicht. Einer sieht sogar richtig nett aus. Sei einfach cool.«

Michael schaute Karl kritisch an. Er wollte sehen, ob seine Worte Eindruck hinterlassen hatten. Er war noch nicht zufrieden. Darum sagte er: »Alter, du bist der Beste. Du bist der Ober-Hammer. Du bist Spit-zen-klas-se!«

Marc stimmte ihm zu: »Du kennst die Rolle. Es kommt nicht auf jedes Wort an. Sei einfach die Rolle. Mit allem, was du kannst. Und dann wirst du jeden überzeugen.«

»Aber man weiß nie, was passiert«, erwiderte Karl hartnäckig. »Da ist ja auch noch Doggy ...«

Don José machte einige Schritte auf Karl zu und sagte: »*Du* wirst entscheiden, was passiert, nicht irgendjemand sonst. Auch nicht die Umstände. Ganz gleich, was geschieht, du entscheidest, wie du darauf antwortest.«

»So eine Situation ist für mich neu. Und es hängt so viel davon ab.«

»Wir können niemals eine Situation kontrollieren«, erwiderte Don José. »Ob sie neu ist oder ob sie uns bekannt ist ... *Das Einzige, was wir wirklich kontrollieren können, ist unser Mindset.* Du entscheidest, auf welchen Baum du hörst. Höre auf den hellen Baum und verwandle dich in einen großen Schauspieler. In den Star, der du in Wahrheit bist.«

»Ich weiß nicht, wo das jetzt herkommt. Gestern Abend war alles gut. Und auch heute Morgen. Ich dachte, ich bin die Angst los.« Karl war ratlos.

»Psychologen nennen das *Siegerhemmung*«, erklärte Marc. »Dahinter steckt die Idee: ›Sieger zu sein, steht mir nicht zu.‹«

Don José ergänzte: »Das heißt, kurz vor dem Triumph läuft der dunkle Baum noch einmal zur Spitzenleistung auf. Das ist ganz normal. Das zeigt nur: Der schwarze Baum hat Panik. Er weiß eigentlich schon, dass er verloren hat. Er hat seine Macht über dich so gut wie eingebüßt. Und nun blufft er ein letztes Mal. Du darfst dich jetzt nur nicht von ihm reinlegen lassen.«

Karl wirkte weiterhin mutlos. Da sagte Michael zu Marc und Don José: »Man muss anders mit ihm reden. Lasst mich mal kurz mit ihm allein.«

Der weise Mexikaner und Marc umarmten Karl, wünschten ihm viel Kraft und verließen die Garderobe. Michael schloss hinter ihnen die Tür und ließ sich auf einen Stuhl fallen. Auf einmal wirkte er sehr schwach. Er kam sofort zur Sache:

»Ich sterbe bald.«

»Das ist Quatsch. Du wirst älter als ich«, versuchte Karl halbherzig ihn zu beruhigen. Aber als er Michael nun aufmerksam anschaute, erschrak er. Der Junge sah heute wirklich sehr krank aus.

»Ich habe gehört, wie sich die Ärzte über mich unterhalten haben. Sie sagen, dass ich bald ins Nirwana gehe.«

»Ärzte können sich irren …«

»Karl, ich sterbe. Und das ist okay so. Denn ich werde bald

in der galaktischen Mannschaft spielen. Du weißt ja, der Trainer wartet ...«

Karl hatte keine Ahnung, was er sagen konnte.

Michael fuhr fort: »Aber deinen großen Auftritt, den will ich noch sehen. Die Ärzte wollten nicht, dass ich heute hierherkomme. Aber die haben ja keine Ahnung: Du brauchst mich. Darum bin ich hier.«

»Ich werde mir Mühe geben ...«

»Alter, was faselt du da? Ich will, dass du Vollgas gibst. Mühe geben ... Das wäre selbst für meinen Opa peinlich. Du bist Spitzenklasse. Und jetzt gehst du da raus und zeigst mir das.«

Karl umarmte den Jungen und machte sich auf den Weg zur Bühne. Unterwegs traf er Doggy; er hatte es geradezu erwartet. Der kleine bärtige Mann wedelte mit einigen Papieren in der Luft herum:

»Die Investoren hatten doch tatsächlich ihr Drehbuch nicht dabei. So können sie ja gar nicht erkennen, dass du gleich deinen Text vergessen wirst. Also habe ich ihnen schnell die Drehbücher kopiert und gegeben.«

Karl drängte sich hastig an ihm vorbei. Der kleine Mann zischte: »Du. Wirst. Deinen. Text. Vergessen. Das ist schlimm ...«

Doggy lief hinter Karl her und zischte weiter: »Du dachtest, du kannst dich hier durchschummeln. Vergiss es! Jetzt bist du am Ende! Du bist nur ein jämmerliches Weichei! Ein Nichts! Und alle können das gleich sehen, wenn du deinen Text vergisst.«

»Was für ein Widerling«, dachte Karl. »Ich werde meinen Text nicht vergessen.«

Da bemerkte er, was er zu sich selbst gesagt hatte. »Text nicht vergessen ...« Das bedeutete Text vergessen. Schnell korrigierte er sich: »Ich werde meine Zuschauer verzaubern.«

Dann drehte er sich um. Er blickte Doggy in die Augen: »Du kannst mir nicht schaden. Du machst mich nur stärker. Ja, genau so ist es: Alles, was du sagst, macht mich stärker und besser. Wenn ich gleich die nächste Streitszene spiele, denke ich an dich, dadurch werde ich sie unfassbar glaubwürdig spielen.«

Doggy ließ resigniert seinen Kopf sinken. Karl spürte: Doggy würde nicht weiter versuchen, ihm zu schaden. Mit sicherem Schritt ging Karl in den Saal.

Dort wurde er zuerst den Investoren vorgestellt. Es war eine Gruppe von acht Personen. Ganz unterschiedliche Typen. Einen von ihnen mochte er sofort, einen älteren, sehr feinen Mann, der sich freundlich vorstellte: »Goldstein, ich freue mich auf Ihre Darbietung.«

»Der sieht sehr reich und glücklich aus«, dachte Karl. Da bemerkte Karl erstaunt neben Herrn Goldstein ein etwa zwölfjähriges Mädchen.

Der Mann sah seinen Blick und erklärte: »Das ist Kira, eine gute Freundin. Sie passt auf meinen Hund auf. Und sie hat eine sehr gute Intuition. Sie kann mir sagen, ob du auch bei Kindern gut ankommst.«

Das Mädchen nickte Karl freundlich zu. Der hatte eine Idee. Er sagte zu Kira: »Ein Freund von mir ist hier. Michael. Er ist zwölf Jahre alt, und er hat einen unheilbaren Tumor. Er durfte das Krankenhaus eigentlich gar nicht verlassen. Aber er wollte unbedingt meine Vorstellung sehen. Kannst du ein Auge auf ihn werfen?«

»Das mache ich«, versprach das Mädchen. Sie war echt nett. »Ich werde mich neben ihn setzen. Mach dir keine Gedanken.«

• • •

Dann war der große Moment da, jetzt kam es drauf an: Karl stand auf der Bühne. Er begann sofort mit der ersten Szene. Zuerst war er ein bisschen unsicher. Aber dann spielte er einfach nur für Anna und Michael. Er konnte deren Mimik in dem halbdunklen Raum kaum erkennen. Aber er sah, dass sie ihm immer wieder ermutigend zunickten.

Karl beendete seine erste Szene und wartete auf eine Reaktion. Herr Goldstein sagte: »Mir hat das sehr gut gefallen. Bitte spielen Sie weiter.« Auch die anderen murmelten anerkennende Worte.

Karl war jetzt in seinem Element. Er spielte die unterschiedlichsten Szenen. Mal allein, mal mit einem Schauspielkollegen. Er fühlte sich immer sicherer.

• • •

Plötzlich entstand Unruhe unter den Zuschauern. Karl konnte nicht erkennen, wo diese plötzliche Betriebsamkeit herrührte.

»Der Junge ist zusammengebrochen«, rief eine Stimme laut durch den Raum.

Karl stoppte mitten im Satz. Er hatte zwar gelernt, dass er unter allen Umständen weiterspielen sollte. Aber nicht, wenn es seinem jungen Freund schlecht ging.

Jemand drehte das Licht im Saal auf volle Stärke. Jetzt konnte Karl die Situation überblicken: Michael hing kraftlos in seinem Stuhl. Aber er war bei Besinnung. Kira streichelte seine Wange und redete leise auf ihn ein.

Marc, ein Arzt und zwei Pfleger liefen auf Michael zu. Später erfuhr Karl, dass Marc vorsichtshalber dieses medizinische Personal und einen Krankenwagen organisiert hatte.

Der Arzt untersuchte den kranken Jungen gründlich. Alle

anderen schauten gebannt zu. Nach einer ganzen Weile stand der Arzt auf, räusperte sich und sagte: »Nur ein kleiner Schwächeanfall. Michael hat heute Morgen vor Aufregung nichts gegessen. Er ist völlig unterzuckert. Ich habe ihm intravenös etwas Glukose gegeben. Er wird schon kräftiger.«

Alle waren erleichtert.

Der Arzt fuhr fort: »Aber jetzt ist es besser, wenn wir Michael zurück in die Klinik bringen. Er braucht absolute Ruhe.« Vorsorglich fügte er hinzu: »Bitte erst mal keine Besucher. Michael braucht ein paar Stunden für sich allein.«

Der Junge protestierte schwach. Aber die Pfleger legten ihn auf eine Bahre und trugen ihn zum Ausgang.

Da rief Michael mit dünner Stimme: »Karl, ich muss dir etwas Wichtiges sagen.«

Karl lief zu seinem kranken Freund. Er ging neben der Bahre her und hielt Michaels Hand. Er fühlte sich so hilflos und sagte: »Du hättest etwas essen sollen.«

»Meinst du, du bist der Einzige, der manchmal etwas aufgeregt ist?«, grinste Michael schwach.

Dann zeigte er auf den Arzt und sagte: »Die machen mit einem, was sie wollen. Ich will aber unbedingt sehen, wie du weiterspielst. Kannst du das filmen lassen und es mir später geben?«

»Ich habe noch eine andere Idee«, hörten sie plötzlich die Stimme von Kira hinter sich. »Ich mache ein Live-Streaming, dann kannst du alles sofort auf deinem Handy sehen, was Karl gleich spielt.«

»Super Idee«, freute sich Michael. Er schaute Kira an: »Du bist klasse. Danke!«

Der Junge holte sein Handy aus der Hosentasche und sagte: »Also, ich bin bereit. Du warst eben richtig toll. Und gleich wird es noch besser. Ich weiß das.«

Karl hatte Angst um Michael. Der schien das zu spüren: »Weißt du noch, was Meister Yoda gesagt hat: *Angst ist der Weg zur dunklen Seite.* Du musst das hier durchziehen. Ich will deinen Triumph sehen. Das ist das Wichtigste für mich. Lass mich nicht hängen.«

Michael fummelte an seinem Handy herum. »Jetzt geh und spiel weiter.«

Karl spürte einmal mehr die Kraft dieses zwölfjährigen Jungen. Er bewunderte ihn. Auch jetzt dachte Michael an ihn.

Und er spürte die Kraft dieser Sprüche. Er fand immer neue Bedeutungen in ihnen. Kaum dachte er, eine Lektion gemeistert zu haben, wurde er auf einer anderen Ebene erneut mit einer dieser Weisheiten konfrontiert.

Die Pfleger hatten Michael inzwischen in den Krankenwagen geschoben. Er winkte Karl matt zu und sagte:

»Möge die Kraft mit dir sein, Karl.«

»Und mit dir, weiser Yoda.«

• • •

Der Krankenwagen fuhr davon, Kira ging wieder in den Saal, um das Streaming vorzubereiten. Karl stand nun allein auf dem Parkplatz. Ihm war plötzlich sehr übel. Er musste sich übergeben.

Dann spürte er den unbändigen Drang, zu verschwinden. Er wollte nur noch weglaufen. Vielleicht zu Michael?

Die Angst um den Jungen wurde größer. So gern wäre er zu ihm geeilt.

Er wusste natürlich, dass das sinnlos war. Der Arzt hatte ja gesagt, dass Michael nun vor allem Ruhe brauchte. Das musste er respektieren. Und Michael war gut versorgt.

Aber unter diesen Umständen weiterzuspielen, kam Karl nicht richtig vor. Irgendwie oberflächlich. Unsinnig. Er konnte sich doch nicht um eine Rolle bewerben, während es seinem kranken Freund schlecht ging.

Sein Drang wegzulaufen, wurde nur noch stärker.

Ohne sich dessen bewusst zu sein, entfernte er sich langsam vom Studio. Da hörte er hinter sich jemanden rufen: »*Du hast kein Recht, wegzulaufen!*«

Er wusste sofort, von wem diese Stimme kam, obwohl er sie noch nie gehört hatte. Er konnte sich nicht erklären, wieso er das wissen konnte … Als er sich umdrehte, erschrak er trotzdem. Es war die alte Frau mit den weißen Haaren aus seinem Traum. Sie trug wieder diesen grellroten Pullover. Sie wiederholte: »Du hast kein Recht, wegzulaufen.«

»Es geht nicht ums Weglaufen. Es geht darum, was jetzt richtig ist. Wie soll ich in so einem Moment spielen?«, erwiderte Karl. »Michael geht es schlecht. Da komme ich mir blöd vor, wenn ich irgendwelche ausgedachten Szenen spiele.«

»Dafür bist du Schauspieler. Damit du deine Emotionen wechseln kannst. Und das machst du übrigens sehr gut.«

Die alte Frau kicherte.

»Aber vielleicht will ich sie jetzt gar nicht wechseln. Vielleicht will ich einfach nur an Michael denken.«

Die alte Frau kam einige Schritte auf ihn zu. Sie sagte sehr eindringlich: »Michael kannst du jetzt nicht helfen; aber du kannst ihm eine riesengroße Freude machen, wenn du spielst. Doch wenn du wegläufst, würdest du ihn maßlos enttäuschen. Du hilfst der Welt niemals, wenn du wegläufst.«

»Das ist kein Weglaufen.«

»Doch, das ist es. Und ich frage dich: Was für ein Recht hast du, wegzulaufen? So viele hätten gerne dein Aussehen, dein Talent, deine Gesundheit, diese Chance, die du gerade bekommen hast … Bist du so blind vor Selbstmitleid, dass du deine Chance nicht siehst?«

»Aber was ist, wenn Michael etwas passiert?«, fragte Karl.

Die alte Frau schaute ihn lange an: »Du bist ein besonders hartnäckiger Fall, nicht wahr? Verstecke dich nicht hinter deiner Angst. Was passiert, passiert. Das liegt nicht in deiner Hand. Aber es liegt in deiner Hand, Michael jetzt eine Freude zu machen. Und es liegt in deiner Hand, deinen Freunden eine Freude zu machen. Die Menschen, die an dich glauben. Und mir eine Freude zu machen, denn du hast es mir wirklich nicht leicht gemacht in den letzten Monaten.«

»Worin habe ich es dir nicht leicht gemacht?«

»Na, dir zu helfen. Du hast dieses großartige Talent. Du liebst das Schauspielen. Aber du hörst oft nicht auf deine Leidenschaft, vor allem, wenn deine Angst groß ist. Du musst wissen: *Liebe ist stärker als Angst.* Das ist das wahre Geheimnis, um großartig zu werden.«

Karl dachte einen Moment nach. Dann fragte er: »Wer bist du?«

»Das weißt du bereits. Du ahnst es zumindest: Ich bringe dich zu dem hellen Baum. Mehr als das: *Ich bin der helle Baum in dir.* Ich bin ein Teil von dir. Ich bin der Teil, der erscheint, wenn du alles getan hast … Und du trotzdem denkst, du schaffst es nicht.

Ich bin der Teil von dir, der weiß: *Ich kann das.*

Du fragst dich, wie ich mir da so sicher sein kann? Dein ganzes Leben hat dich zu diesem Moment geführt. Du hast die letzten Monate so hart geübt wie noch nie. Und alles Üben hatte nur einen Sinn: dass du jetzt dein Bestes geben kannst. Dass du weißt: Ich kann das.«

Karl betrachtete die Frau vor sich aufmerksam. Entweder war sie verrückt, oder er hatte gerade eine Art »Erscheinung«.

Gut, das konnte schon etwas Irreales sein, sie hatte schließlich keinen Schatten. Aber ein Teil von ihm? So kam sie ihm nicht vor.

Er spürte, dass sie es gut mit ihm meinte. Und dass es weise wäre, auf sie zu hören. Darum fragte er sie: »Was soll ich jetzt tun?«

»Du bist Schauspieler. Jetzt verhalte dich auch so. Nicht nur auf der Bühne und vor der Kamera. Sei jetzt der Regisseur und Schauspieler in deinem eigenen Leben. Das Universum hat dir diese Chance geschickt. Geh zurück in den Saal und zeige deinen Freunden und der Welt und vor allem dir selbst: *Ich bin Spitzenklasse.*

Ein wirklich großer Schauspieler hat die Fähigkeit, seine beste Leistung abzurufen, wenn er sich nicht danach fühlt. Du bist ein wirklich großer Schauspieler. Geh zurück und spiele.«

»Ich brauche noch ein bisschen Zeit«, wandte Karl halbherzig ein.

»Wir haben lange genug geredet. Mehr Zeit haben wir nicht. Zumindest keine Zeit für Träume und das lila Journal, über das wir sonst kommunizieren. Das muss nun reichen. Jetzt zeige allen, wie gut du bist.«

Die alte Frau kicherte. Dann verschwand sie rasch zwischen den Autos.

• • •

Karl ging zurück in den Saal. Dort teilte er allen Anwesenden mit, dass er jetzt fünf Minuten bräuchte, um sich zu sammeln. Und dann würde er zurückkommen und weiterspielen. Er sagte das so, als wären weitere fünf Minuten Pause das Selbstverständlichste auf der Welt.

Für ihn war es das. Und es war auch für alle anderen okay.

Er lief schnell in seine Garderobe und machte seine Spiegel-Übung. Er hatte dabei ein Selbstbewusstsein und eine Überzeugung wie nie zuvor.

Am Ende sagte er: »Du bist richtig gut, Karl. Ich liebe dich. Jetzt geh raus und erlebe deinen perfekten Moment.«

Als er dann wieder auf der Bühne war, spielte er, wie er noch nie gespielt hatte. Er verschmolz mit seinen Szenen.

Immer wieder bekam er Zwischenapplaus. Am Anfang war das Klatschen zögerlich, dann wurde es donnernd laut.

Karl schien sich immer mehr zu verwandeln. Er spürte die Zeit nicht mehr; es war so, als wenn sie stehen blieb. Er wurde eins mit seiner Rolle, mit seinen Schauspielpartnern, mit seinen Zuschauern. Er zog alle in seinen Bann.

Weil er so gut war, wuchsen auch seine Schauspielkollegen in den einzelnen Szenen über sich hinaus. Er zog sie einfach mit. Was sie da machten, war ganz große Schauspielkunst. Jeder spürte das.

Dann kam die letzte Szene. Sie bestand aus einem recht langen, sehr anspruchsvollen Monolog. Karl hatte sie mit Absicht ausgesucht. Denn sie war die schwerste Szene im ganzen Drehbuch.

Der Monolog skizzierte eine Transformation; der Charakter musste sich dabei auch körperlich verwandeln. Stimme und Mimik veränderten sich, und es wurde vor den Augen der Zuschauer eine ganz neue Person erschaffen. Die Transformation geschah langsam und nachvollziehbar. Es war faszinierend. Jeder hing an Karls Lippen. Er spielte bravourös.

Dann war er fertig. Atemlose Stille lag über dem Saal.

Plötzlich, wie auf ein Kommando, standen alle gleichzeitig auf, und es brandete tosender Applaus auf. Anna, Marc und Don José, die Investoren, Kira, Anton, Gustavo, die Filmcrew – alle applaudierten begeistert.

Karl legte beide Hände auf sein Herz und verbeugte sich. Ihn erfüllte ein Glücksgefühl, das er so noch nie gespürt hatte. Klar hatte er schon glückliche Momente erlebt, besonders mit Anna – und auch mit seinen Freunden. Aber das hier war anders. Eben hatte er seine Talente materialisiert. Er hatte ihnen erlaubt, Gestalt anzunehmen. Was zuvor meist nur verborgen in ihm gelegen hatte, das war jetzt in die Welt hinausgetreten. Und die Welt freute sich darüber.

Er hatte lange und hart geübt, und das Üben hatte ihm ein einzigartiges Flow-Erlebnis beschert.

Ja, es war das Ergebnis von vielen, vielen Übungseinheiten. Vor allem aber war es ein Teamergebnis. Ohne Anna, ohne Marc, ohne Michael, ohne Don José, Anton und Gustavo hätte er es nicht geschafft.

Er nickte jedem Einzelnen dankbar und stolz zu. Er hatte dabei alle Zeit der Welt, weil der Applaus inzwischen in ein anhaltendes, rhythmisches Klatschen übergegangen war.

Karl lächelte in sich hinein: »Eigentlich müsste ich mich auch bei der alten Frau bedanken.«

Da kam Kira zur Bühne gelaufen. Sie hielt ihr Handy hoch. Karl konnte eine WhatsApp erkennen – von Michael:

> Habe alles gesehen:
> Krass, Mann, das war TOTAL abgefahren!
> Ich sage nur: MEGASPITZE!!!
> Ich bin so unfassbar stolz auf dich.

Danke, mein Freund, textete Karl schnell zurück.

Anna warf sich in seine Arme. »Ich liebe dich«, flüsterte sie. »Vor allem freue ich mich für dich.«

Auch Marc umarmte Karl voller Freude und Anerkennung: »Ein perfekter Moment. Das gibt es nicht oft im Leben. Ich werde das nie vergessen. Danke!«

»Ich danke dir, für alles.« Karl meinte, vor Glück platzen zu müssen.

Der Regisseur Anton und andere aus der Filmcrew klopften ihm wild auf den Rücken und auf die Schultern. Die Bravo-Rufe hielten noch eine ganze Zeit lang an.

Dann kam Herr Goldstein auf ihn zu: »Wir hatten ursprünglich vor, uns nach dem Vorspielen ausgiebig zu beraten. Aber wenn ich in die Gesichter meiner Mitinvestoren schaue, dann weiß ich: Das ist überflüssig.

Junger Mann, es war ein wirkliches Privileg, Sie soeben erleben zu dürfen. Sie haben ein großartiges Talent.«

Karl unterbrach ihn: »Beim Film duzen wir uns alle. Ich bin Karl.«

Der reiche Investor lächelte: »Ich bin Walter. Es ist mir eine Freude und eine Ehre.«

Walter Goldstein machte eine kurze Pause und sagte dann: »Ich möchte noch etwas ganz Wichtiges anmerken. Wir alle haben gesehen, dass es deinem jungen Freund nicht gut geht. Und wir haben erlebt, wie sehr dich das getroffen hat. Dass du unter diesen Umständen weiterspielen konntest, ja, dass du so unfassbar gut weiterspielen konntest, das ist eine ganz besondere Qualität.

Als Geschäftsmann sage ich: Wir mussten auch sicherstellen, dass das Geld unserer Anleger gut investiert ist. Das ist uns jetzt absolut klar. Als Mensch sage ich: Du hättest deinem jungen Freund keine größere Freude machen können.

Davon bin ich fest überzeugt. Du bist über dich hinausgewachsen. Mein Glückwunsch!
Hier ist der vorgefertigte Vertrag. Du kannst ihn in aller Ruhe prüfen.«

• • •

Karl genoss das alles sehr. Trotzdem drängte er zum Aufbruch. Er wollte so schnell wie möglich zu Michael ins Krankenhaus. Auch Anna und Marc wollten zu dem kranken Jungen.

Marc fuhr, Anna und Karl saßen Händchen haltend hinten im Wagen. Sie redeten wenig, alle schwelgten einerseits in dem gerade erlebten Glück, andererseits sorgten sie sich um Michael. Da erinnerte sich Karl an den Vertrag. Es war das erste Mal, dass er ein Angebot für eine Hauptrolle in seinen Händen hielt.

Es waren viele Seiten. Und er konnte sich nicht konzentrieren. Aber da fiel sein Auge auf eine Zahl ... Seine Gage ...

Ungläubig rief er: »Das kann doch nicht sein. Das ist ja unfassbar. So viel würde ich normalerweise in einigen Jahren nicht verdienen.«

Marc sagte: »Wir bekommen immer so viel Geld, wie wir annehmen können. Gib dir jetzt die Erlaubnis, wohlhabend zu werden. So wie du dir bereits die Erlaubnis gegeben hast, ein Spitzenklasse-Schauspieler zu sein.«

»Also«, lächelte Karl, »das mit dem Selbstbewusstsein, das lohnt sich.« Dabei meinte er aber nicht in erster Linie das Geld, das er verdienen würde.

11 DAS RITUAL

Karl, Anna und Marc erreichten das Krankenhaus. Sie eilten so schnell wie möglich zu Michaels Zimmer. Auf dem Weg trafen sie eine seiner Krankenschwestern. Da wussten sie sofort: Etwas war nicht in Ordnung. Ganz und gar nicht in Ordnung ...

Die Schwester hatte Tränen in den Augen. Und Krankenschwestern weinen nicht oft. Sie breitete ihre Arme aus, um die drei zu stoppen:

»Michael ... ist ... *von uns gegangen.*«

Der Satz hallte in den Köpfen der drei wider. Ihre Herzen verstanden sofort. Aber es dauerte eine Zeit, bis auch ihr Kopf die Nachricht begriff. Michael war tot. Er lebte nicht mehr. Sie würden ihn nie mehr sprechen hören, nie mehr lachen sehen ... Für einen langen Moment blieben sie bewegungslos vor der Krankenschwester stehen. Jeder von ihnen hatte ein besonderes Verhältnis zu Michael gehabt.

Karls Kopf schien es nicht akzeptieren zu wollen: »Kann es nicht einfach ein Happy End geben? Was macht dieser Riesenidiot, der das Drehbuch des Lebens schreibt?« Er konnte und wollte nicht klar denken. Sein Herz fühlte sich so schwer an, wie er es noch nie erlebt hatte.

Anna lehnte ihren Kopf an seine Brust. Sie weinte leise. Karl wurde bewusst, dass er nicht der Einzige war, der litt. Er nahm sie behutsam in den Arm.

Die Krankenschwester hatte einfühlsam eine ganze Zeit gewartet; jetzt sagte sie: »Michael ist glücklich gestorben. Er hat diesen Livestream auf seinem Handy angeschaut. Dabei hat er immer wieder laut gejubelt. Ich bin zu ihm ins Zimmer gelaufen, um zu sehen, was da los war. Dann habe ich ein paar Minuten mit ihm zusammen angeguckt, was du gespielt hast. Du warst sehr gut.« Sie schaute Karl an.

Der dachte: »Was nützt mir all das, wenn Michael tot ist?«

Die Krankenschwester fuhr fort: »Michael hat einen Brief an dich geschrieben.« Sie zog einen Umschlag aus der Tasche ihres Kittels und gab ihn Karl. Dann streichelte sie allen dreien mitfühlend über den Arm und entfernte sich.

Karl hielt den Umschlag zunächst nur in seiner Hand. Dort stand mit kindlicher Schrift geschrieben:

> *Für meinen Freund Karl,*
> *den Schauspiel-Star,*
> *von Meister Yoda*

Karl spürte Stiche in seinem Herzen. Er fühlte dort unendlich viel Trauer, aber auch sehr viel Wärme für seinen jungen Freund. Nach einer Weile öffnete er den Umschlag und nahm den Brief heraus. Mit leiser Stimme las er ihn vor:

Mein Freund,
    ich kann es förmlich sehen: Du bist traurig. Das will ich nicht. Hörst du? Du sollst nicht traurig sein. Denn wo ich jetzt bin, ist es sehr cool.

Marc hat recht, wenn er sagt: »Wer trauert, ist egoistisch. Er denkt nur an sich.« Das hier ist mein Tod: da entscheide ich. Du solltest jetzt lieber an mich denken. Und dich für mich freuen!

Ich kenne dich gut. Daher weiß ich, was du jetzt denkst: Ich bin trotzdem traurig. Und ich kann das nicht ändern.

Das ist Quatsch. Bla , bla, bla ... Du kannst das ändern. Du bist Schauspieler! Und sogar der allerbeste, den ich je gesehen habe. Also zeig das jetzt. Und denk dran: Ich kann dich sehen. ☺

Ja, du solltest dich für mich freuen:

Ich komme nun in die galaktische Auswahlmannschaft. Darauf habe ich lange gewartet. Jetzt ist es so weit. Ich hoffe, dass ich dir ein paar Aufnahmen schicken kann. Du wirst sehr, sehr stolz auf mich sein. So wie ich auf dich!

Ich werde dort eine Zeit lang spielen. Und das wird mir viel Spaß machen. Mann, was werde ich feiern.

Und weißt du was? Dann komme ich zurück.

Du denkst jetzt vielleicht, so etwas ist nicht möglich. Aber ich weiß es, denn ich habe es oft geträumt. Es stimmt! Ich komme zurück.

Ich muss ja zurückkommen, denn das mit der Angst, das hast du immer noch nicht richtig im Griff. Außerdem war ich immer glücklich, wenn ich mit dir und Anna und Marc zusammen war.

Grüße bitte beide von mir.

Bis dann, die Kraft sei mit dir,
    Meister Yoda

PS: Den Brief habe ich schon vor ein paar Tagen geschrieben. Man weiß ja nie …

Eins noch: Ich habe den Livestream von deinem Auftritt gesehen. WAHNSINN!!! So krass gut. Mann, hab ich dich gefeiert! Du bist mein Held! Ich glaube, ich habe mich niemals in meinem Leben so gefreut.

Nach einer Weile kam die Krankenschwester zurück und sagte: »Ich muss euch noch etwas erzählen. Vielleicht weiß es nicht jeder von euch, Michael war Vollwaise. Und da war es für ihn ganz wichtig, dass ihr für ihn da gewesen seid. Er hat manchmal gesagt, dass er Karl und Anna gerne als Eltern gehabt hätte. Und einen Großvater wie Marc.«

Danach gingen die drei aufgewühlt in Michaels Zimmer. Marc fasste sich als Erster. Karl hatte keine Ahnung, wie das seinem Freund so schnell gelingen konnte. »Ich glaube«, sagte Marc, »Michael hat es richtig beschrieben. Wir denken immer, dass der Tod etwas Schlechtes ist. Und unsere Trauer spiegelt sehr stark unsere Angst davor wider. Aber vielleicht ist der Tod nur ein Schritt ins Licht.«

Karl sagte nachdenklich: »Bevor wir den Brief bekommen haben, hatte ich einen wahnsinnigen Frust. Ich hab mich gefragt: Was nützt mir eine Hauptrolle, wenn Michael tot ist … Und: Was für ein Riesenidiot schreibt so ein Drehbuch des Lebens?«

»Psychologen sprechen hier von einer *irrationalen Muss-Annahme*«, antwortete Marc. »Wir denken, das Leben …«

Karl unterbrach ihn: »Bist du eine Maschine? Hast du denn immer kluge Sätze parat? Bist du gar nicht traurig?«

»Ich weiß seit einigen Monaten, dass Michael sterben wird.« Marc antwortete ihm sehr ruhig und ernst. »Darüber

war ich lange traurig. Ich habe gewissermaßen meine Trauer vorweggenommen. Und ich werde trotzdem sicherlich auch noch eine ganze Zeit daran zu knabbern haben. Denn ich habe Michael sehr gern gehabt.«
»Entschuldigung«, sagte Karl. »Wenn ich sehr aufgewühlt bin, kann ich ungerecht sein. Du wolltest mir etwas zu dieser irrationalen Annahme erklären.« Er ahnte, dass Marc rational wurde, um nicht zu sehr zu leiden.
»Alles gut«, sagte Marc. »Die irrationale Muss-Annahme. Dahinter verbirgt sich eine große Weisheit des Lebens: Viele denken, sie können nur glücklich sein, wenn alles glattläuft. Sie glauben, Erfolg sei nur sinnvoll und richtig, wenn zugleich die anderen wichtigen Dinge in ihrem Leben stimmen.«
»Klar, wie sollen wir sie sonst genießen?«, meinte Karl. »Ein Kuchen schmeckt auch nicht, wenn eine der Zutaten verdorben ist.«
Marc erwiderte: »Das Bild mit dem Kuchen klingt logisch. Aber im Leben ist genau das irrational. Ganz selten gibt es Perioden, in denen wir gar keine Probleme haben. *Wer meint, nur dann glücklich sein zu können, wenn alles total glatt läuft, der ist sehr selten glücklich.«*
»Aber es geht doch im Leben darum, glücklich zu sein«, wandte Karl ein. Gleichzeitig wunderte er sich, dass er sich jetzt auf dieses Gespräch einlassen konnte.
»Manche sagen das, ja. Aber ich habe oft gesehen: *Menschen, die in ihrem Leben immer nur glücklich sein wollen, sind am Ende eher depressiv.* Ich glaube, uns geht es besser, wenn wir nach einer Bedeutung für unser Leben suchen. *Bedeutung stärkt unser Selbstvertrauen.* Wenn wir dagegen ständig glücklich sein wollen und uns das häufig nicht gelingt, dann senkt das unser Selbstvertrauen. Es kommt uns so vor, als würden wir versagen.«

»Ich dachte, wenn ich mehr Selbstbewusstsein habe, dann hab ich ein glückliches und schönes Leben«, wunderte sich Karl.

»Es ist sicher so, dass wir ohne Selbstbewusstsein schwerlich ein glückliches und schönes Leben haben werden«, antwortete Marc. »Und andersherum: Mit Selbstbewusstsein ist es sehr viel leichter, ein richtig gutes Leben zu haben. Aber: *Selbstbewusstsein ist kein Garant für ein leichtes Leben. Es ist ein Garant für ein erfülltes Leben.*«

Karl war noch nicht überzeugt. Er sagte: »Hier geht es aber gar nicht um ein ›nicht so leichtes Leben‹. Michaels Tod ist ja wohl die Megakatastrophe.«

»Das hängt davon ab, welche Bedeutung du seinem Tod geben möchtest. Natürlich kannst du ihn eine Katastrophe nennen. Aber es gibt auch andere Möglichkeiten. Das ist jetzt nicht leicht zu akzeptieren, aber ich schlage dir eine Bedeutung vor, mit der ich persönlich sehr viel besser zurechtkomme: Der Tod ist Teil des Lebens. Tod und Leben gehören zusammen. Selbstbewusstsein bedeutet auch, dass wir uns das bewusst machen. Schon deshalb, weil unser Leben immer mit dem Tod endet. Aber auch, weil der Tod unser bester Ratgeber ist.«

»Unser Ratgeber?«

»Ja, wenn wir daran denken, dass wir sterben werden, werden wir unser Leben besser nutzen wollen. Wir wollen dann sinnvoller leben. Und so geben wir unserem Leben mehr Bedeutung.«

»Was meinst du mit Bedeutung?«, fragte Karl.

»Wenn wir etwas Sinnvolles tun, hat es Bedeutung. Andersherum ist es auch gut, dem Tod eine sinnvolle Bedeutung zu geben. Wenn der Tod zugleich unser Ratgeber ist, dann empfinden wir ihn nicht mehr als eine einzige Katastrophe.

Wir überlegen dann, wie wir unserem zeitlich begrenzten Leben eine Bedeutung geben können. Der Schlüssel dazu ist, dass wir unsere Talente erkennen und ernst nehmen. Und sie weiterentwickeln, um anderen zu dienen. Ich gebe dir ein Beispiel: Michaels großes Talent war es, keine Angst zu haben. Jedes Mal, wenn ich bei ihm war, sind meine eigenen Ängste kleiner geworden. Das hatte große Bedeutung für mich.«

»Ja«, bestätigte Karl. »So war das auch bei mir.« Er dachte eine Zeit lang nach. »Wahrscheinlich hätte ich ohne ihn niemals vorgespielt. Meine Angst war zu groß. Aber ich hatte es ihm versprochen ...«

Nach einer Weile ergänzte er: »Trotzdem scheint mir der Tod von Michael so sinnlos. So falsch. Ich frage mich: Warum bloß?«

»Darauf kann ich dir keine Antwort geben«, sagte Marc einfühlsam. »Ich weiß nur: *Du* musst die Fragen *deines* Lebens beantworten. Nicht die von Michael. Ich glaube, das ist ihm selbst ganz gut gelungen.«

• • •

Die drei trauerten eine ganze Zeit. Jeder auf seine Weise. Dabei ging das Leben weiter. Die Ereignisse überschlugen sich: Karl drehte seinen ersten Film. Und er wurde sehr erfolgreich. Die Medien feierten Karl. Da war oft nicht viel Zeit zum Grübeln.

Anna und Karl zogen zusammen. Am Anfang dachten sie fast ständig an Michael, aber mit der Zeit hatten sie alle ihren Frieden mit seinem Tod geschlossen.

Einige Monate lang hatte Karl nicht mehr an das lila Journal gedacht. Eines Tages suchte er etwas, und da fiel es ihm plötzlich in die Hände. Da kam ihm alles wieder in den Sinn, was er ein ganzes Stück weit verdrängt hatte: die alte Frau und die mysteriösen Einträge in dem lila Buch.

Er erzählte Anna von seiner Begegnung mit der alten Frau auf dem Parkplatz. Und von den Einträgen in dem Buch. Für die alte Frau hatte er inzwischen seine eigene Erklärung gefunden, auch wenn er nicht zu hundert Prozent daran glaubte: Sein Unterbewusstsein hatte ihm vielleicht eine Art Erscheinung vorgegaukelt, um ihm zu helfen. So etwas gab es ja. Er hatte mit Marc darüber gesprochen. Der hatte etwas Ähnliches erlebt.

Karl schloss seinen Bericht mit den Worten: »Aber das mit dem lila Journal, dafür hab ich überhaupt keine Erklärung.«

Anna bat ihn: »Darf ich mir das Journal einmal anschauen?«

»Klar.« Karl gab es ihr.

Sie blätterte lange in dem Journal und las hier und dort einige Passagen. »Da stehen ganz schön kluge Dinge drin«, entschied sie nach einer Weile.

Dann hatte sie eine Idee: »Kannst du diesen Satz hier gegenüber auf der freien Seite noch einmal abschreiben?«

Karl tat verwundert, worum Anna ihn gebeten hatte.

Anna schaute zuerst auf den alten Satz, dann auf den neu geschriebenen. Dann begann sie zu kichern. Schließlich fing sie laut an zu lachen. Karl wunderte sich über diesen Ausbruch.

»Karl, das ist *deine* Schrift!«

»Natürlich, ich hab es ja gerade geschrieben.« Karl begriff nichts.

»*Beide* Sätze sind deine Schrift.« Sie blätterte schnell durch das Journal. »Alles ist deine Schrift. Du hast alles selbst geschrieben.«

Karl verstand jetzt, was Anna meinte. So richtig begreifen konnte er es aber nicht. Vieles konnte er sich nicht erklären. Und seine Freundin auch nicht. Vor allem hatte er keine Ahnung, woher er solche klugen Sachen gewusst haben konnte ...

Schließlich entschieden sie: Es war nicht vollkommen erklärbar. Aber wenn sie in ihrem Leben wirklich Hilfe brauchten, dann würden sich Wunder ereignen. Wunder waren keine Zauberei, sondern eben nur etwas, das sie noch nicht erklären konnten.

• • •

Karls Verhältnis zu Marc wurde noch inniger. Sie empfanden eine tiefe Verbundenheit miteinander. Mehr und mehr betrachtete Karl seinen älteren Freund wie einen Vater, den er so immer schon gerne gehabt hätte.

Sie nahmen sich regelmäßig Zeit füreinander. Immer öfter verließ Marc dabei die Rolle des Lehrers. Sie genossen einfach ihre Freundschaft.

Natürlich schickte Marc seinem Freund immer wieder WhatsApp-Nachrichten. Der sammelte sie nach wie vor, indem er sie in sein lila Journal schrieb. Eines Tages las er:

> Hast du einmal gedacht, die Dinge wären so schlimm, dass sie nie wieder gut werden würden? Und jetzt lächelst du. Weil du wirklich stolz auf die Person bist, zu der du geworden bist.

Karl nickte lächelnd. Er hätte sich niemals vorstellen können, dass er sich so verändern würde. Er lebte mit seiner Traumfrau zusammen, sie liebten sich unfassbar stark. Er hatte seinen Traumjob, er hatte wunderbare Freunde wie

Marc. Marc, mit dem er jederzeit wichtige Fragen besprechen konnte.

Und solche wichtigen Fragen hatte er immer wieder einmal. Was für ein Geschenk des Universums, so einen weisen Freund zu haben. Der Brain. Aber Karl fand, dass Marcs Herz mindestens ebenso groß war wie sein Gehirn.

Er erzählte Marc von der alten Frau mit dem grellroten Pullover. »Stell dir vor«, sagte er. »Keiner außer mir hat sie jemals gesehen.«

»Das stimmt nicht«, widersprach ihm Marc. »Vor vielen Jahren ist sie mir ebenfalls begegnet. Ich habe übrigens auch noch ein Journal aus dieser Zeit. Seitdem kann ich gar nicht mehr ohne Journale leben. Ich habe ein Erkenntnis-Journal, in das ich alles hineinschreibe, was ich lerne. Und ich habe ein Erfolgs-Journal, in dem ich heute noch alle meine Erfolge notiere.«

Karl sagte: »Wir sind uns ähnlicher, als ich dachte. Ich meine, du bist so cool. Du bist der Brain. Deswegen konnte ich mir erst gar nicht vorstellen, dass wir Gemeinsamkeiten haben.«

»Doch, haben wir, wir sind zum Beispiel beide sehr sensibel.«

»Ich denke manchmal, ich bin zu sensibel«, sagte Karl nachdenklich.

»Ich schlage vor, dass du deiner Sensibilität eine andere Bedeutung gibst. Du hast sehr viele Antennen. Viel mehr als andere Menschen. Und darum bist du auch ein ausgezeichneter Schauspieler.

Ich bin auch sehr sensibel, aber bei mir äußert sich das ganz anders. Ich wäre ein grottenschlechter Schauspieler. Dafür bin ich ein guter Wissenschaftler. Meine Antennen verraten mir sehr schnell, welche Studien wichtig sind und wie ich sie zusammenfügen kann. Ich kann sie allerdings nicht so gut erklären.«

»Dafür hast du ja Anna«, lachte Karl.

»Genau, und das ist sehr wichtig. Wir drei ergänzen uns sehr gut. Ich habe euch beide sehr gern.«

Karl freute sich. Dann meinte er nachdenklich: »Was hätte ich bloß gemacht, wenn ich dir nicht begegnet wäre?«

»Ich glaube nicht, dass es Zufälle gibt. Du hast mich ja kennengelernt. Und ich gebe zu, deine Methode war sehr originell.«

Marc spielte darauf an, dass Karl auf seinen Wagen aufgefahren war.

»Aber du fragst ja: Was hättest du machen können, wenn wir uns nicht begegnet wären? Du hättest vielleicht auf Instagram nach Weisheiten und inspirierenden Sprüchen Ausschau gehalten.

Dann wärst du womöglich deinem Lieblingsautor dieser Weisheiten nähergekommen. Du wärst ihm auf YouTube und den aktuellen Social-Media-Kanälen gefolgt. Du hättest seine Seminare und Vorträge besucht. Und schließlich hättest du seine Bekanntschaft gemacht.

Ich glaube, wir können immer die Menschen kennenlernen, die wir für unsere Entwicklung brauchen. Und wir können zu ihnen eine Beziehung aufbauen. Dafür müssen wir nur verstehen: Eine Beziehung ist niemals einseitig. Wir müssen zuerst etwas geben, und dann können wir auch etwas bekommen.«

»Was hab ich dir denn gegeben?«, wunderte sich Karl.

»Ich mochte dich von Anfang an. Ich hatte immer ein gutes Gefühl in deiner Nähe. Das an sich ist schon ein Geschenk. Und du hast mir das Leben gerettet, schon vergessen?«

Karl hatte es tatsächlich vergessen. Stattdessen kam es ihm so vor, als würde er viel mehr von ihrer Beziehung profitieren als Marc. Aber ja, er hatte Marcs Leben gerettet. Das war tatsächlich keine Kleinigkeit.

Marc hatte noch ein Anliegen: »Zu viele sprechen hierzulande davon, dass die Schere zwischen Armut und Reichtum ungeheuer weit auf ist und immer weiter aufgeht.«

»Ist das denn nicht so?«

»Doch«, bestätigte Marc. »Aber kaum jemand fragt, was der Grund für diese Schere ist. Und ob das überhaupt die entscheidende Schere ist. Was ich sagen will: Der Unterschied zwischen Armut und Reichtum ist nur die Folge. Der Grund ist der Grad unseres Selbstbewusstseins. Es gibt Menschen, die einem Mantra gleich ihr ganzes Leben lang zu sich selbst sagen: ›Ich kann das nicht. Ich bin nicht gut genug.‹ Das sind die, die auf den dunklen Baum hören. In der Folge mögen sie sich selbst nicht und sind auch nicht stolz auf sich. Dadurch trauen sie sich nicht, bestimmte Dinge zu wagen. Sie lassen sich von ihrer Angst besiegen.

Dann gibt es Menschen, die zu sich sagen: ›Ich kann das. Ich bin liebenswert. Ich weiß, wer ich bin.‹ Sie wählen den Weg der Liebe. Und diesen Menschen stehen unfassbar viele Türen offen.«

Karl sagte: »Ich dachte immer, der wahre Grund für die Schere zwischen Armut und Reichtum ist die Bildung. Die einen lernen lebenslang und die andere nicht …«

»Auch das ist nur eine Folge und nicht der Grund«, antwortete Marc. »Wenn jemand kein Selbstbewusstsein hat, warum sollte er dann etwas lernen? Er wird sich nur sagen: Das ganze Lernen nützt mir nichts. Es ändert ja doch nichts. Außerdem würde ich es nicht verstehen. Da kann ich lieber Dinge tun, die mir Spaß machen.«

»Aber Spaß haben ist doch gut?«, wunderte sich Karl.

»Ein Leben, in dem es nur um Spaß geht, ist hohl. Erfüllt sind wir hingegen, wenn wir die Leidenschaft unseres Lebens kennen. Selbstbewusstsein bedeutet unter anderem, dass du weißt, was du wirklich liebst. Dann bist du dir bewusst, wer du wirklich bist.«

Karl dachte eine ganze Zeit über das nach, was sein älterer Freund ihm gesagt hatte. Schließlich erklärte er: »Ich hab das Gefühl, dass ich in den letzten Monaten unfassbar viel gelernt habe. Du hattest von Anfang an recht: Ohne Selbstbewusstsein ist ein glückliches und erfolgreiches Leben nicht möglich.«

»Ob du denkst: ›Ich kann das nicht‹, oder ob du denkst: ›Ich kann das‹, du hast immer recht«, zitierte Marc einen bekannten Spruch. Und dann ergänzte er: »Denn nach dem Gesetz der Anziehung manifestiert sich alles, um zu bestätigen: Du hattest recht.«

Karl nickte zustimmend: »Weißt du noch, was du mich am Anfang gefragt hast? ›Magst du dich selbst? Bist du stolz auf dich?‹ Diese Fragen haben mich damals stark irritiert. Heute kann ich sie klar beantworten: ›Ja, ich mag mich. Und ja, ich bin stolz auf mich.‹«

Marc freute sich darüber von Herzen und gratulierte ihm.

»Und bist *du* stolz auf dich?«, wollte Karl von seinem älteren Freund wissen.

»Klar, ich bin schließlich der weltweit führende Experte zum Thema Selbstbewusstsein.« Marc lachte.

»Und auf welche deiner vielen Talente und Fähigkeiten bist du am meisten stolz?«

»Ich habe das Talent, Menschen dazu zu bringen, Dinge zu tun, die sie nicht tun würden, wenn sie mir nicht begegnet wären.«

»Stimmt«, pflichtete ihm Karl bei. Das Talent hast du wirklich. Aber weißt du, als du mir am Anfang erzählt hast, dass du der weltweit führende Experte bist, da hab ich gedacht, du bist arrogant.«

»Ich glaube, dass Menschen Arroganz entwickeln, wenn sie kein Selbstbewusstsein haben. Hinter Arroganz verbirgt sich im Grunde genommen Angst. Arroganz ist das Gegenteil von Selbstbewusstsein. Ich habe mir etwas Wichtiges gemerkt:

Sei niemals zu groß, um dich zu anderen hinabzubeugen und ihnen zu helfen.
Sei niemals zu klug, um dich daran zu erinnern, wer deine Lehrer waren.
Sei niemals ein so großer Gewinner, dass du vergisst, was es heißt, zu verlieren.«

Karl notierte sich diese Sätze, die sein Herz erreichten. Denn er wollte zwar selbstbewusster werden, aber niemals arrogant.

• • •

Die nächsten Monate vergingen für Anna und Karl wie im Flug. Sie genossen ihre Liebe zueinander und hatten großen Spaß, ihr gemeinsames Leben aufzubauen.

Sie pflegten weiterhin ihre Rituale, und diese taten ihnen sehr gut. Karl bemerkte voller Freude, dass er immer stabiler wurde: ihn konnte viel weniger aus der Bahn werfen. Er blieb sensibel, ja. Und er hatte auch hin und wieder Angst. Aber sein Zutrauen wuchs. Er wusste immer mehr: Ich kann mein Leben meistern.

Und er wusste, dass er nicht allein war. Er hatte eine wunderbare Frau an seiner Seite und seinen väterlichen Freund Marc. Er musste gar nicht alles allein schaffen. Dieses Gefühl war für ihn sehr beruhigend und wichtig.

Schließlich heirateten Anna und Karl. Ihre Hochzeitsreise machten sie an einem Strand, von dem sie beide geträumt hatten. Auch diese Übereinstimmung machte sie glücklich. Sie genossen ihre Flitterwochen sehr und zelebrierten ihre Liebe.

Bei einem romantischen Abendessen sagte Karl: »Schöner könnte es für mich nicht sein. Mein Leben mit dir ist so erfüllt. Es kann da keine Steigerung mehr geben ...«

Anna schaute ihn liebevoll an: »Ja, es ist wunderschön ...«

Er fühlte, dass Annas Satz nicht beendet war und schaute sie fragend an. Aber sie sprach nicht weiter. Karl respektierte das. Er drängte sie nie. Trotzdem fragte er sich, ob es für sie nicht doch noch etwas Schöneres geben könne. Er dachte lange darüber nach, fand aber keine Antwort.

Am nächsten Tag saßen sie beide am Strand und beobachteten ein junges Pärchen mit zwei kleinen Kindern. Die vier spielten liebevoll miteinander. Auf einmal durchzuckte es Karl: »Natürlich, was bin ich für ein Trottel. Wir haben nie über ein Kind gesprochen ...«

Und so, wie seine Frau die Kinder beobachtete, wusste er plötzlich: Anna hatte noch einen Traum.

Karl ging allein spazieren. Er erklärte Anna, dass er etwas Wichtiges für sich entscheiden müsse. Schließlich setzte er sich unter eine Palme und zog Michaels Brief aus seinem Portemonnaie. Er trug ihn immer bei sich.

Er sprach im Geist mit seinem jungen Freund: »Ich hoffe, dass du richtig Spaß hast. Ich bin mir sicher: Du spielst jetzt in der galaktischen Auswahlmannschaft.«

Seine Augen blieben an einem Satz hängen: *Ich werde dort eine Zeit lang spielen ...* <u>dann komme ich zurück.</u>

• • •

An diesem Abend organisierte Karl ein besonders romantisches Abendessen. Er wollte Anna zeigen: Doch, es geht noch besser.

Nach dem Essen sagte er: »Ich musste heute viel an Michael denken. Glaubst du, dass Wünsche wahr werden?«

»Aber sicher, wir erleben das ja gerade.«

»Aber was ist, wenn jemand tot ist? Glaubst du, dass Menschen zurückkommen können?«, fragte Karl.

»Irgendwie schon«, sagte Anna nachdenklich. »Ich weiß nur nicht, wie.«

»Ich hab da eine Idee. Ich glaube an die Macht von positiven Ritualen.«

»Was für Rituale meinst du?«, fragte Anna.

Karl schaute sie liebevoll an: »Ein ganz bestimmtes ...«

Anna sah ihm lange in die Augen – und verstand.

Karl flüsterte: »Ich kann das.«

EPILOG

Neun Monate später bekamen sie einen Sohn. Sie nannten ihn Michael. Schon wenige Tage nach seiner Geburt brachte ihm Karl einen kleinen Fußball mit.

Marc wurde Michaels Patenonkel. Ein paar Wochen später zeigte er ihnen ein Haus, das er sich gekauft hatte. Anna und Karl gefiel es sehr. Da sagte Marc: »Ich würde mich sehr freuen, wenn ihr mich ab und zu hierhin einladen würdet.«

Anna und Karl brauchten ein paar Sekunden, um zu verstehen: Marc schenkte ihnen das Haus. Sie wollten es nicht zulassen, aber er sagte: »Als ich dieses Haus gekauft habe, wusste ich nicht, warum. Jetzt weiß ich es. Es ist ideal für euch. Und hinten im Garten stehen schon zwei kleine Tore. Man weiß ja nie …« Er schaute liebevoll auf seinen winzigen Patensohn. »Für mich sieht es so aus, als könnte er ein großer Fußballer werden.«

Karl nahm Marc in den Arm. Und es fühlte sich an, als umarme er einen liebevollen Vater.

Anna und Karl hängten in Michaels Zimmer das Bild von einem wunderbaren hellen Baum auf. Sie wussten: Dieser Baum würde zu Michael sprechen. Sie legten ein hübsches, buntes Journal für Michael an. Darin notierten sie alle schönen Momente mit ihm.

Er würde aufwachsen mit dem tiefen Bewusstsein: »Ich kann das.«

Es war für Karl manchmal immer noch unfassbar: Er war jetzt ein Star. Dabei kam er sich doch wie ein ganz normaler Mensch vor – der allerdings ziemlich gut schauspielen konnte …

Marc erklärte ihm: »Stars sind ganz normale Menschen. Die aber den Mut haben, sich auf das zu konzentrieren, was sie gerne tun und was sie gut können. Und die dann das Selbstbewusstsein aufbauen, genau das zu tun, was sie lieben.«

Karl wusste: Er würde dieses Leben nicht haben, wenn er nicht die drei Fragen beantwortet hätte: Kann ich das? Bin ich liebenswert? Wer bin ich?

Und er wusste auch, dass dieser Prozess niemals abgeschlossen sein würde.

Er entschloss sich, ein Buch zu schreiben, damit jeder, der bereit war, sich mit diesen drei Fragen auseinanderzusetzen, wusste: Ich habe es verdient, ein wundervolles neues Leben zu führen.

Er wollte vielen Menschen helfen, dieses einmalige und unfassbar mächtige Gefühl zu entwickeln:

ICH KANN DAS.

DANKSAGUNG

Ich kann das – daran glaube ich fest. Gleichzeitig weiß ich: Das, was ich kann, gelingt besonders gut, weil ich nicht alleine bin.

Ich habe unfassbar wertvolle Menschen an meiner Seite. Jeden Morgen danke ich ihnen still in meinem Morgen-Ritual. Wirklich jeden Morgen.

Hier möchte ich all denen danken, die mein Leben leichter machen, schöner machen und die es heller machen. Und die dieses Buch möglich gemacht haben. Ich danke ….

Meiner Frau Imke: Du bist das Schönste in meinem Leben. Du bist meine Gefährtin und du hältst mir den Rücken frei. So kann ich z.B. ganz in ein Buch versinken.

Meiner persönlichen Assistentin Lisa: Du erledigst alles für mich – ich kann einfach komplett loslassen. Es kann nirgendwo auf der Welt eine bessere und klügere Assistentin geben.

Und: Die Bestätigung von euch beiden war mir so wichtig. Ihr habt das erste Kapitel gelesen und mir gesagt: das ist gut; du kannst das. Und da ihr beide sehr kritisch seid, wusste ich: Ich schreibe weiter.

Ich danke meinen Führungskräften in der Bodo Schäfer Akademie: Annika, Sven, Adnan, Nermin – ich kann in Ruhe meine Kurse und Bücher entwickeln, während ihr die Firma führt.

Ich danke allen unseren Mitarbeitern in der Akademie: Ihr alle, in allen Abteilungen seid so wichtig, und es macht einfach sehr viel Spaß, mit euch zu arbeiten. Und ich bin sehr stolz auf euch und euer Können.

Ich danke meinem Verleger, Stephan Joß. Er hat sofort an das Buch geglaubt. Sein erstes Feedback werde ich nie vergessen. Meiner Lektorin, Katharina Festner, die mich immer wohlwollend unterstützt – und die auch für meine verrücktesten Pläne ein offenes Ohr hat.

Und ich danke meinen Kindern Jessi, Miguel und Marlon – für eure Liebe und euer Verständnis für meinen ungewöhnlichen Lebensweg. Ich freue mich über eure Entwicklung, und ich bin stolz auf euch. Was auch immer ihr euch vornehmt: Ihr könnt das. Meinen Freunden, die immer für mich da sind und deren Rat ich nicht entbehren wollte: Walter, Wolfgang, Chris, Christian, Jose. Ihr macht mein Leben so reich!

Ich danke meinen Ratgebern und Coaches und Vorbildern: Dieter, die Gespräche mit dir auf unseren Spaziergängen sind genial. Peter und Dan, eurer Coaching vor vielen Jahren hat mich so stark geprägt. Durch euch ist mein heutiges Leben möglich geworden. Ich danke Tony Robbins, Russell Brunson, Deepak Chopra, Oprah Winfrey, Nelson Mandela, … ihr habt mich so sehr inspiriert.

Ich danke schließlich allen Schriftstellern, Denkern und Machern, von denen ich lernen durfte. Welch ein Vorrecht, in eure gedankliche Welt einzutauchen: angefangen mit Mark Aurel, Epiktet, Seneca, … es ist unmöglich, euch alle zu erwähnen. Ich musste nirgendwo bei null anfangen. Ihr habt so viel Weisheit in die Welt gebracht … was ich von euch gelernt habe, habe ich nur auf meine Weise wiedergegeben. Und natürlich danke ich euch: Meinen Kunden, Freunden und meinen über 800 000 Fans auf unseren Social Media Kanälen (YouTube, Instagram, facebook und TikTok). Nichts von allem wäre möglich ohne euch. Ihr inspiriert mich, motiviert mich, ihr gebt all meinem beruflichen Schaffen einen Sinn. Ich bedanke mich für euer Feedback – bisher und in Zukunft. Zusammen können wir diese Welt zu einem schöneren Ort machen. Wir können das!

Warum habe ich dieses Buch geschrieben?

Vielleicht hast du es bereits geahnt: Was Karl erlebt hat, habe ich ebenfalls lernen müssen. Ich bin kein Schauspieler, aber die wichtigen Lehren in diesem Buch gelten für uns alle … Auch ich bin nicht selbstbewusst geboren worden. Ich musste Selbstbewusstsein lernen. Und während ich dir hier meine Geschichte erzähle, kannst du sehen:

Wie geht es jetzt für dich weiter?

Mit 26 Jahren war ich pleite. Ich hatte nicht nur hohe Schulden, sondern ich war auch übergewichtig, hatte keine Energie, keine Motivation und keinen Antrieb. Vor allem konnte ich nicht mit Niederlagen umgehen. Ich war schwach.

Ich habe damals als Student Versicherungen verkauft. Ich hatte früh geheiratet, weit über meine Verhältnisse gelebt und mich tief verschuldet. Was ich mit den Versicherungen verdiente, war für uns ganz wichtig. Wir brauchten das Geld.

Eines Tages habe ich einen guten Vertrag gemacht und mich schon auf die Provision gefreut. Aber dann hat der Kunde den Vertrag widerrufen. Ich fühlte mich wie gelähmt: als wenn alle Energie aus meinem Körper gezogen worden wäre. Das Geld von der Provision hatte ich innerlich bereits verplant. Jetzt empfand ich zunächst einen schlimmen Verlust, dann eine totale Leere. Ich hatte keinen Antrieb mehr.

Dabei hätte ich natürlich gerade in diesem Moment Kraft und Motivation gebrauchen können … Damit ich das Telefon in die Hand nehmen könnte, um mir neue Termine zu legen. Nur so würde ich wieder Geld verdienen können. Aber ich konnte nicht. Ich fühlte mich zu schwach. Zu frustriert. Tatsächlich hielt dieser Zustand drei Tage an. Drei Tage, in denen ich so gut wie nichts tun konnte.

Ich tat mir selber leid, und ich kam zu dem Ergebnis: Ich bin zu schwach. Ich kann das nicht. Ich bin kein Erfolgstyp.

Zum Glück hatte ich meinen „Marc" gefunden, meinen Coach Peter.
Ich habe ihn angerufen und ihm von meinem Frust erzählt. „Ich bin zu schwach", sagte ich ihm.

Mein Coach widersprach mir: „Du *bist* nicht schwach. Du *fühlst* dich nur schwach."

„Das ist doch dasselbe", antwortete ich.

„Oh nein", sagte mein Coach. „Das ist ein großer Unterschied. Wir dürfen unsere Gefühle nicht verwechseln mit unserem Sein. Denn Gefühle ändern sich."

Ich habe nicht verstanden, was er mir sagen wollte. Aber nach drei Tagen hatte ich mich so weit erholt, und ich konnte wieder Termine legen. Ich teilte meinem Coach das mit. Er sagte: „Aha, auf einmal bist du nicht mehr schwach?"

Ich sagte: „Nein, jetzt fühle ich mich besser."

Da durchzuckte es mich. Auf einmal begriff ich: Mein Coach hatte recht, *ich war nicht schwach*. Sondern ich *fühlte* mich nur immer wieder mal schwach.

Mein Coach wartete eine Weile und sagte dann: *„Du musst jetzt lernen, deine Emotionen zu meistern. Wenn du das kannst, hast du so viel Energie, wie du willst.* Du hast dann auch so viel Antrieb und Motivation, wie du willst. Das ist alles nur eine Frage deiner Emotionen."

Bis dahin hatte ich meine Antriebslosigkeit nicht mit meinen Emotionen in Verbindung gebracht. Aber jetzt fing ich an, mithilfe meines Coachs meine Emotionen zu erkennen und zu steuern.

Bald gelang es mir, meinen Frust zu verkürzen: Was mich bisher drei ganze Tage wie gelähmt sein ließ, versetzte mich nur noch einen halben Tag in eine Lähmung, dann nur noch 3 Stunden, bald nur 30 Minuten, und schließlich konnte ich auch wirklich krasse Niederlagen nach 3 Minuten hinter mir lassen.

Absagen, Niederlagen, Fehlschläge und Kritik machten mir nichts mehr aus. Im Gegenteil: Ich fand einen Weg, *aus ihnen Kraft zu schöpfen*. Was mich vor Kurzem wie gelähmt sein ließ, machte mich von da ab stärker.

Ich schob auch nichts mehr vor mir her. Ich hatte jetzt die Motivation, die Dinge zu tun, die ich tun wollte. Und von denen ich ahnte, dass ich sie tun sollte: Ich lernte dazu, ich wurde stärker, ich verdiente bald immer mehr, zahlte meine Schulden zurück, ich baute Wohlstand auf … *Je mehr ich lernte, meine Emotionen zu kontrollieren, umso mehr Energie und Antrieb bekam ich.* Und viereinhalb Jahre später war ich finanziell frei.

Aber ich war nicht nur wohlhabend. Fast noch wichtiger: Ich war emotional frei. Ich hatte gelernt, meine Emotionen zu meistern. Ich hatte gelernt, mich so zu fühlen, wie ich das wollte: stark, motiviert, fröhlich und voller Energie.

Jetzt beginnt der wichtigste Teil deiner Reise …

Wirst du weiter Schritt für Schritt dein Selbstbewusstsein aufbauen – und so zu dem Menschen werden, dem das gelingt, was er sich vorgenommen hat? … Der sich selbst motivieren kann und der seine Ziele erreicht?

Karl konnte so schnell so viel erreichen, weil er einen Coach und Mentor hatte. Bei mir war es ähnlich. Auch mein Coach hat mir die richtigen Impulse, Werkzeuge und Hilfen an die Hand gegeben. Ohne einen Mentor ist es sehr viel schwerer. Wohl darum haben über 80 % aller erfolgreichen Menschen einen Mentor gehabt.

Ich biete dir an, dein Coach zu sein: dir zu helfen, mehr Selbstvertrauen aufzubauen und emotional frei zu werden. Denn ich weiß: Du kannst lernen, deine Emotionen zu kontrollieren – unabhängig von deinen anerzogenen Glaubenssätzen.

Du kannst innerhalb weniger Wochen zu jemandem werden, dessen Leben von Optimismus, Leichtigkeit und tiefer Selbstliebe bestimmt wird. Dabei möchte ich dich gerne persönlich unterstützen. Dafür habe ich etwas ganz Besonderes für dich vorbereitet:

Hier ist mein Geschenk für dich

Als Dankeschön dafür, dass du dieses Buch in deinen Händen hältst, möchte ich dir ein 4-teiliges exklusives Video-Coaching schenken.

> **Video 1**: Der dunkelste Tag meines Lebens und die wertvolle Erkenntnis daraus, **die vermutlich auch dein Leben für immer verändern wird.** Du lernst die unfassbare Macht unserer Emotionen kennen.
>
> **Video 2:** So verwandelst du deine **Sorgen und Ängste in grenzenlose Leichtigkeit und Motivation.**
>
> **Video 3:** Was steckt wirklich hinter deiner negativen Energie? Du **lernst, mit deinen negativen Emotionen umzugehen** und sie zu nutzen.
>
> **Video 4:** Dein Weg zur emotionalen Freiheit und in ein erfülltes, unabhängiges Leben. **Zum ersten Mal verrate ich hier meine geheime Methode,** die mein Leben vor vielen Jahren komplett verändert hat. Sie erlaubt es dir, dich wirklich zu jeder Zeit ganz genauso zu fühlen, wie du das gerne möchtest. Innerhalb von nur 3 Minuten.

Sichere dir jetzt mal ein 4-teiliges Video-Coaching vollkommen unverbindlich und kostenfrei unter: **www.ichkanndas.de**

oder scanne dazu diesen Code mit deinem Handy.

Dieses Video-Coaching wird dir helfen, dass du deine eigene Erfolgsgeschichte schreibst. Mit diesen Videos kannst du dein Leben in ein Meisterwerk verwandeln. Ich weiß: DU KANNST DAS.

Darum möchte ich dich ermutigen:
Schau dir dieses Gratis-Video-Coaching unbedingt an.

Herzlichst dein

Bodo Schäfer
Bodo Schäfer

Für täglich inspirierende Gedanken
von Bodo Schäfer folge ihm auf

3 Geschenke für dich

Von ganzem Herzen danke ich dir, dass du dieses Buch liest.

Darum möchte ich dir **3 wertvolle Geschenke** machen.

1. Geschenk:

Inspirierende Kurznachrichten auf dein Handy

Manchmal ist es ein einziger **Satz, der alles im Leben verändern kann, stimmt's?**

Gerne sende ich dir mehrmals wöchentlich inspirierende Kurznachrichten auf dein Handy – völlig kostenfrei.

Diese Impulse sollen dich inspirieren, ermutigen und stets daran erinnern: **„DU KANNST DAS"**.

2. Geschenk:

Dein "ICH KANN DAS" - Check-up

Wiederhole den Test vom Anfang des Buches und finde heraus, wie es aktuell um dein Selbstvertrauen steht.

Das Spannende daran: Du siehst direkt, welche Spuren die Erkenntnisse aus Karls Geschichte schon heute in deinem Leben hinterlassen haben.

Mein Tipp: Mache deinen Check-up regelmäßig – mindestens alle 6 Monate.

3. Geschenk:

Dein exklusives Video-Coaching

Dieses **wertvolle Video-Coaching** habe ich brandneu für dich gemacht!

Es zeigt dir in 4 einfachen Schritten, wie auch du deine persönliche Erfolgsgeschichte weiterschreiben kannst.

<u>Video 1:</u> „Die unfassbare Macht unserer Emotionen."

<u>Video 2:</u> „So verwandelst du Ängste und Sorgen in Leichtigkeit, und Motivation."

<u>Video 3</u>: „So nutzt du negative Emotionen für deinen Erfolg."

<u>Video 4:</u> Das genaue System für „Emotionale Freiheit und ein erfülltes, unabhängiges Leben."

Zum ersten Mal (!) verrate ich hier meine geheime Methode, die vor vielen Jahren mein Leben komplett verändert hat.

Damit kannst du dich <u>jederzeit</u> **so fühlen, wie du es willst – innerhalb von nur 3 Minuten!**

So sicherst du dir deine 3 Geschenke:

Besuche jetzt die Website: <u>**www.ichkanndas.de**</u>

oder scanne diesen Code mit deinem Handy.

Auf der Website findest du eine exakte Anleitung, wie du sofort starten kannst – **ganz unverbindlich.**

Viel Spaß!

Für täglich inspirierende Gedanken von Bodo Schäfer folge ihm auf

EIN WEG, DEN JEDER GEHEN KANN

ALLE LIEFERBAREN TITEL, INFORMATIONEN UND SPECIALS FINDEN SIE ONLINE

Auch als eBook   www.dtv.de

»ERMUTIGEND IN SEINEN LEBENSWEISHEITEN.«

Prof. Dr. Hans Küng

ALLE LIEFERBAREN TITEL, INFORMATIONEN UND SPECIALS
FINDEN SIE ONLINE

Auch als eBook

www.dtv.de

SPIELERISCH DEN UMGANG MIT GELD LERNEN

ALLE LIEFERBAREN TITEL, INFORMATIONEN UND SPECIALS FINDEN SIE ONLINE

Auch als eBook

www.dtv.de dtv

LESERSTIMMEN

»Bodo Schäfer ist mit diesem Buch ein Meisterwerk gelungen. Die Geschichte eines Mannes, der sich die wichtigsten Fragen des Lebens stellt und Antworten findet. Dieses Buch zeigt dir die Welt außerhalb eingetretener Pfade, und ich konnte sehr viel für mich mitnehmen.«
Tobias Beck, internationaler Speaker und Bestsellerautor

»Diese Geschichte hat die Weisheit und die Kraft, dein Leben zu verändern.«
Daniel Aminati, Moderator, Schauspieler, Sänger, Speaker

»Schon auf den ersten Seiten habe ich gemerkt, dass Bodo Schäfer vielen Menschen mit diesem Buch aus dem Herzen spricht.«
Pascal Fey, Multi-Unternehmer

»Er KANN DAS: Bücher schreiben, die Menschen an die Hand nehmen und auf einfache Weise ein positives Mindset entwickeln. Bodo vermittelt in dieser wundervollen Geschichte, was uns erfolgreich und glücklich macht im Leben.«
Detlef Soost, Tänzer, Choreograf und Fitnesstrainer